KB055210

28
Abnormal Psychology

주의력결핍
과잉행동장애

신현균 · 김진숙 지음

_ 주의산만하고 유별난 아이

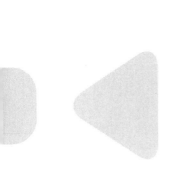

학지사

'이상심리학 시리즈'를 내며

21세기를 살아가는 우리는 급격한 변화와 치열한 경쟁으로 이루어진 현대사회에 적응해야 하는 커다란 심리적 부담을 안고 있다. 이러한 현실 속에서 현대인은 여러 가지 심리적 문제와 장애에 직면하게 될 가능성이 높다.

정신건강에 대한 사회적 관심이 증대되면서, 이상심리나 정신장애에 대해서 좀 더 정확하고 체계적인 지식을 접하고자 하는 사람들이 늘어나고 있다. 그러나 막상 전문서적을 접하게 되면, 난해한 용어와 복잡한 체계로 인해 쉽게 이해하기 어려운 것이 현실이다.

이번에 기획한 '이상심리학 시리즈'는 그동안 소수의 전문가에 의해 독점되다시피 한 이상심리학에 대한 지식을 일반 독자들에게 소개하기 위한 것이다. 이를 위해서 다양한 정신장애에 대한 최신의 연구 내용을 가능한 한 쉽게 풀어서 소개하려고 노력하였다.

'이상심리학 시리즈'는 서울대학교 심리학과 임상 · 상담 심리학 교실의 구성원이 주축이 되어 지난 2년간 기울인 노력의 결실이다. 그동안 까다로운 편집 지침에 따라 집필에 전념해준 집필자 모두에게 감사드린다. 아울러 어려운 출판 여건에도 불구하고 출간을 지원해주신 학지사 김진환 사장님과 한 권 한 권마다 좋은 책이 될 수 있도록 성심성의껏 편집을 해주신 편집부 여러분에게 고마움을 표한다.

인간의 마음은 오묘하여 때로는 "아는 게 병"이 될 수 있다. 그러나 이러한 우려보다는 "아는 게 힘"이 되어 보다 성숙하고 자유로운 삶을 이루어나갈 수 있는 독자 여러분의 지혜로움을 믿으면서, '이상심리학 시리즈'를 세상에 내놓는다.

2000년
서울대학교 심리학과 교수
원호택, 권석만

2판 머리말

주의력결핍 과잉행동장애에 대해 부모와 교사가 읽기 쉬운 책을 집필하겠다는 목표로 초판을 출간한 이후 15년여의 꽤 긴 시간이 흘렀다. 그동안 이 장애에 대한 사회적 관심이 커지면서 이 책이 일반인과 교사뿐 아니라 심리학을 공부하는 학생이나 임상심리 수련생을 포함해 정신건강 관련 업무 담당자에게도 많이 읽힌다는 피드백을 받아 큰 보람을 느꼈다.

초판이 나온 이후 많은 연구가 수행되어 그동안의 연구결과들을 반영하기 위해 개정판을 내게 되었다. 개정판의 전반적인 구성은 초판의 그것과 유사하지만 최근의 참고문헌을 반영하여 수정·보완된 부분들이 있다. 주된 내용은 주의력결핍 과잉행동장애의 특징, 원인과 경과, 치료방법 등으로 구성되어 있다. 특히 부모와 교사가 알아야 할 지식과 마음가짐, 행동수정 및 자기통제를 향상시키는 방법들을 실제로 실행해볼 수 있도록 쉽게 설명하였다.

초판과 마찬가지로 이 책이 주의력결핍 과잉행동장애에 관심 있는 심리학 전공자뿐 아니라 일반인에게도 널리 읽히기를 희망한다. 또한 이 책의 부족한 부분에 대해서는 독자의 솔직하고 애정 어린 피드백을 기대한다.

2016년
저자 대표 신현균

차 례

주의력결핍 과잉행동장애란 무엇인가

1. 사례로 보는 주의력결핍 과잉행동장애

　'우리 아이는 왜 이렇게 주의가 산만하고 차분하게 집중을 못할까?' 어린 자녀를 둔 많은 부모는 자기 아이가 주의산만하고 집중력이 부족하다고 느낀다. 그래서 오랫동안 차분하게 책을 보거나 공부를 하지 못한다고 생각한다. 또 한자리에 얌전하게 앉아있지 못하고 몸을 많이 움직인다고 생각한다. 사실 부모 마음에 꼭 들도록 집중력이 좋고, 차분하며, 말 잘 듣는 아이는 그렇게 많지 않다. 대부분의 아이는 어느 정도는 집중력이 부족하고 때로는 가만히 앉아있지 못한다. 이런 현상은 연령이 어릴수록 더 심하지만 아이들뿐만 아니라 어른들 중에도 안절부절못하고, 몸을 가만히 두지 못하며, 한 가지 일에 집중하지 못하는 경우가 흔히 있다.

　자녀가 주의집중력이 부족하고 산만하면 부모는 우리 아이가 다른 아이들과 달리 좀 유별나다고 생각하게 되는데, 그 유별난 정도가 정상적인 수준인지 문제가 있는 것인지를 판단하기는 쉽지 않다. 따라서 적절한 치료 개입 시기를 판단하지 못해 치료를 제때 받지 못하고 상황이 더 악화되기도 한다. 과거에 비해 '주의력결핍 과잉행동장애' 또는 'ADHD'[1]라는 말은 이제 거의 대중적으로 사용하는 용어가 되었지만, 여전히 이 장애에 대해 잘못 알고 있거나 부정확하게 인식하고 있는 경우가 많다. 아이의 문제를 잘 이해하고 이를 해결하기 위해서, 부모 자신의 문제를 확인하고 교정하기 위해서, 그리고 이런 아동을 교사가 좀 더 효과적으로 돕기 위해서 이 장애에 대해 좀 더 많은 정보를 가질 필요가 있다. 먼저, 다음의 몇 가지 사례를 보자.

> 인수는 초등학교 2학년으로 성급하고 충동적이어서 친구들과 자주 싸우는 것이 큰 문제다. 인수는 친구들과 놀다가도 자기 차례를 기다리지 못하고 먼저 하려고 하고, 자기가 갖고 싶으면 친구의 물건을 빼앗으며, 뜻대로 안 되면 때리는 등의 공격성을 보인다. 이 때문에 아이들이 인수를 피하게 되어 인수에게는 친구가 하나도 없었다. 인수에게 맞

---

1 '주의력결핍 과잉행동장애'의 영문명인 Attention-Deficit/Hyperactivity Disorder의 첫 글자로 구성된 영문 약어임. 이 책에서는 두 용어를 혼용함.

은 아이의 부모가 인수의 부모에게 말을 해 그때마다 인수의 부모는 인수를 야단쳤다. 그런데도 인수는 계속 친구들과 싸웠다.

또 인수는 주의가 산만해서 어떤 것에 마음을 뺏기면 하던 일을 다 잊어버리고 시간 가는 줄을 모른다. 학교에서 집에 오는 길에 문구점이 하나 있는데, 항상 문구점의 장난감이나 물건들에 정신이 팔려 어떤 때는 어두워서야 집에 들어오곤 했다. 엄마가 아무리 얘기해도 그 버릇을 고치지 못했고 이 때문에 야단을 자주 맞게 되자 인수는 차츰 학교에서 대청소를 하느라고 늦었다는 등의 거짓말을 하게 되었다.

인수는 치료 중에도 볼펜이나 시계 같은 치료자의 물건을 와락 빼앗아 돌려주지 않고 가지고 놀았고, 같이 놀다가도 금방 지루해하면서 방안을 돌아다니고 벽을 발로 차기도 하고 책상 위에 올라가기도 하였다. 치료자가 좋은 말로 무엇을 하라고 지시하면 못 들은 척하고 딴짓을 할 때가 많고, 자기가 하고 싶은 것만 하려고 하였다.

철수는 초등학교 6학년생으로, 주된 문제는 공부를 하지 않으려는 것과 동생과 매일 싸우는 것이다. 부모가 야단치면 소리를 지르거나 물건을 던질 때도 있다. 철수는 지능검사에서 우수한 지능을 가진 것으로 나왔고, 초등학교 저학년 때에는 공부를 매우 잘했다. 어릴 때부터 머리는 좋았지만 주의가 산만하고 오랫동안 공부에 집중하지 못했다. 학교에서도 수업 중에 떠들고 장난쳐서 선생님께 자주 야단을 맞았다. 학년이 올라갈수록 공부하기를 싫어했고, 특히 반복적으로 풀어야 하는 산수문제를 매우 싫어했다. 아주 쉬운 문제도 실수로 자주 틀렸다. 부모는 철수에 대한 기대가 커서 엄마가 직접 숙제를 시키고 학습지를 시켰는데, 철수는 마지못해 대충 아무렇게나 해치우고 어떤 때는 숙제를 하지 않아서 선생님에게서 전화가 오기도 했다.

매일같이 엄마와 공부 문제로 실랑이를 벌이다 보니 엄마도 철수에게 자주 화를 내게 되었고 매도 들게 되었다. 이런 상황으로 철수도 짜증이 늘었고, 공부 소리만 들어도 버럭 화를 냈으며, 동생과도 사소한 일로 매일 싸우게 되었다. 철수 때문에 집안이 편할 날이 없었고, 철수의 엄마는 걱정을 너무 많이 해서 우울증까지 생겼다.

진우는 초등학교 6학년으로, 부모님과 선생님에게 반항적이다. 어려서부터 주의가 산만해서 자주 넘어지고 높은 곳에서 떨어지는 등 많이 다쳤다. 한자리에 가만히 앉아있지 못하고 계속해서 손을 꼼지락거리거나 다리를 떠는 행동도 보인다. 또 수업시간에도 혼자서 딴짓을 하고, 준비물도 자주 잊어버리고 챙겨가지 않아 선생님에게 꾸중을 들었다. 공부는 어떤 때는 잘했다가 어떤 때는 형편없는 등 기복이 심하다. 선생님이 야단치면 선생님의 주전자에 몰래 청소할 때 쓰는 못 먹는 물을 넣어두기도 하고, 바닥에 압정을 떨어뜨려 놓는 등의 위험한 장난을 하기도 한다.

공부를 몹시 싫어하며 엄마가 시키면 대충대충 해버린다. 그렇지만 농담을 잘하고 재미있는 장난감을 스스로 만들기도 하는 등 엉뚱한 짓을 해서 친구들에게는 인기가 있는 편이다. 그리고 컴퓨터 오락이라면 복잡하고 어려운 것도 다 이해하여 하루 종일이라도 집중해서 한다.

진우가 어렸을 때는 말을 듣지 않으면 엄마가 자주 매를 들었지만, 이제는 덩치가 커져서 엄마가 매를 들면 자기도 주변에 있는 물건을 들고 대든다. 이제 부모의 힘으로는 진우의 행동을 통제할 수가 없게 된 것이다.

영철이는 중학교 1학년생으로, 친구들에게 따돌림당하고, 자주 맞고 울면서 들어오는 것이 큰 문제다. 영철이는 학교 성적이 최하 수준이고 수업시간에도 딴짓만 한다고 한다. 선생님이나 친구들은 영철이를 저능아라고 생각한다. 영철이를 때리는 아이는 영철이의 뒷자리에 앉은 아이인데, 영철이가 계속 몸을 움직이고 의자를 덜컹거려서 자기 책상이 흔들리고 시끄러워 화가 나서 때린다고 했다.

부모도 영철이가 어려서부터 공부에는 관심이 없고 엉뚱한 짓만 해서 지능이 낮은 아이로 생각했다. 그렇지만 지금처럼 상태가 나빠지리라고는 생각하지 못했다. 그런데 지능검사 결과, 실제로는 보통 정도의 지능을 가진 것으로 나타났다. 물론 초등학교 때부터 학습이 제대로 안 되어서 후천적으로 얻어진 지식은 매우 부족했다. 학교에 갔다 오면 동네 어린아이들과 어울려 노는 것이 일과다. 그래서 학교 공부는 바닥을 벗어나지 못하고, 선생님이나 부모 모두 포기한 상태다. 사람들은 영철이가 사람 구실을 하지 못할 거라고 생각한다.

1) 주요 문제

위의 4가지 사례는 주의력결핍 과잉행동장애를 가진 아이에게서 흔히 보이는 문제들을 보여준다. 소위 동네에서나 학교에서 말썽꾸러기, 말 안 듣는 아이, 골칫덩어리로 부모 속을 썩이는 아이들이다. 이런 아동은 전형적으로 부주의하고, 하나의 과제를 완수하기 위해 지속적으로 몰두하는 능력이 일반 아동에 비해 뒤떨어진다. 또한 행동하기 전에 자신이 하려는 것에 대해 잘 생각하지 못해 충동적인 행동을 하고 실수를 많이 저지른다. 그리고 지나치게 활동이 많고, 차분하지 못하며, 들떠있는 것처럼 보인다.

이런 아이들의 주요한 특징은 자신의 행동을 억제하지 못하는 것이다. 임상전문가들에 의하면, 주의력결핍과 과잉행동을 보이는 아동은 행동을 통제하는 능력과 관련하여 다음의 3가지 문제를 가진다고 한다.

- 한곳에 주의를 유지하기 어려우며, 쉽게 싫증을 내고, 지루해한다.
- 충동을 통제하거나 억제하기 어렵다.
- 과다한 활동을 보이고 몸을 가만히 두지 못한다.

여기에 2가지를 더 덧붙인다면 다음과 같다.

- 규칙과 지시를 따르기 어려워한다.
- 행동이나 기분 변화가 심해서 예측할 수 없다.

주의력결핍 과잉행동장애 아동은 비슷한 나이의 다른 아이들에 비해 이런 문제들이 심하게 나타난다. 그렇다고 항상 주의산만하거나 과잉행동을 보이는 것은 아니고 상황에 따라 행동이 달라지기도 한다. 예를 들어, 자기가 관심을 가지는 일에서는 꽤 오랫동안 집중을 잘한다. 레고를 좋아하는 아이는 레고를 하는 동안에는 꼼짝하지 않고 앉아서 그것에 몰두한다. 또 좋아하는 TV 프로그램을 보거나 컴퓨터 게임을 할 때는 몇 시간이라도 한자리에 앉아서 집중하기도 한다.

그렇지만 하기 싫은 공부나 지루한 일을 할 때는 특히 주의가 산만해지고 가만히 앉아있지 못한다. 공부하라고 하면 자주 화장실에 가고, 냉장고 문을 열었다 닫았다 하거나 물을 마신다며 여러 차례 드나드는 등 부잡스러워진다. 학교공부 중에서도 자신이 좋아하는 과목은 시키지 않아도 열심히 해서 좋은 성적을 내기도 하지만, 받아쓰기나 읽기, 산수문제 풀기 같은 지루한 과목에는 쉽게 싫증을 내고 공부를 하지 않으려고 해 부모와 실랑이를 벌이는 일이 다반사다. 이런 문제는 단순히 성장한다고 해서 없어지는 문제가 아니다. 따라서 일시적으로 나타나는 정상적인 발달과정이라고 보아서는 안 된다.

2) 부수적인 문제

이 밖에도 이들은 주의 곤란과 집중 곤란 그리고 충동성 때문에 여러 가지 부수적인 문제를 보인다. 먼저, 공부와 관련해서는, 지능이 원래 좋거나 엄마가 붙잡고 열심히 가르치면 초등학교 저학년 때는 공부를 잘하기도 한다. 단순하고 쉬운 과제를 할 때에는 주의력결핍이 크게 문제가 되지 않기 때문이다. 그러나 학년이 올라갈수록 과제가 복잡해지므로 주의력과 집중력이 없으면 체계적으로 문제를 해결하지 못해 실수를 많이 저지르게 되는 등 학업수행이 떨어지게 된다. 그래서 지능이 보통 이상이면서도 학습장애가 될 수 있다. 특히 읽기, 쓰기, 산수 장애가 많다.

나중에는 책을 읽는 것 자체를 싫어하게 되고, 책을 읽을 때 한 줄을 통째로 빠뜨리고 읽거나 토씨를 빠뜨리고 틀리게 읽기도 한다. 또 받아쓰기를 시키면 받침을 빼먹거나 소리 나는 대로 쓰는 경우가 흔하다. 예를 들어, '간호사'를 '가노사'라고 쓴다. 산수문제도 기호를 자세히 보지 않아 더하기를 해야 할 것을 빼기를 하거나, 두 자릿수를 다 보지 않고 한 자릿수만으로 계산하기도 한다.

대인관계의 곤란이나 반항적인 경향은 주의력결핍 과잉행동장애의 원래 증상은 아니다. 그러나 이런 아동들은 장난이 심하고 말썽을 많이 부려 주변 사람들에게 자주 지적받고 야단을 많이 맞기 때문에 서운한 감정을 자주 경험하고 적개심도 쌓이게 된다. 부모나 교사의 입장에서는 좋은 말로 하면 아이가 말을 듣지 않기 때문에 매로 위협하거나 화가 나서 심한 말을 마구 내뱉게 되는데 그것이 아이에게는 마음의 상처가 된다. 이런 일이 반복되면 부모와 아이가 서로를 미워하는 관계가 되기도 한다.

　세상에서 가장 가까운 사람과의 관계가 나빠지면 다른 사람과의 관계도 좋을 리 없다. 그래서 이런 아동은 대부분 또래와의 관계도 좋지 못하다. 학교에서는 야단을 많이 맞는 아이로 낙인찍히고, 나이가 좀 많아지면 부모나 교사가 명령하거나 야단칠 때 반항하기도 한다. 이 때문에 더 야단을 맞는 등 악순환이 이어진다. 그래서 주의력결핍 과잉행동장애 아동은 대부분 대인관계에서 상당한 피해의식을 갖게 된다. '모든 사람이 나를 싫어한다'고 생각하게 되는 것이다. 그러다 보면 자기 스스로도 '어차피 나는 그런 사람이야'라는 생각으로 자포자기하거나 아무렇게나 되는대로 행동하게 된다. 결국에는 자기 자신을 부정적으로 보게 되어 매사에 자신감이 없어진다. 이들이 흔히 보이는 반항적인 행동들은 다음과 같다.

- 불같이 화를 낸다.
- 어른에게 따지고 덤빈다.
- 규율이나 규칙을 따르지 않는다.
- 다른 사람을 고의로 괴롭힌다.
- 자기 잘못인데도 남을 비난한다.

　더 나아가 다음과 같은 품행 문제를 보일 수도 있다.

- 종종 거짓말을 한다.
- 학교에 가지 않는다.
- 물건을 부수거나 훔친다.
- 싸울 때 무기를 사용한다.
- 종종 남에게 싸움을 건다.

　주의력결핍과 과잉행동 그 자체도 문제이지만, 그로 인해 부차적으로 생기는 이런 대인관계의 곤란이나 품행 문제, 자신감 상실, 학습장애 등은 나이가 들수록 더 큰 문제가 된다. 이를 오랫동안 내버려두면 우울증 등의 기분장애를 갖게 되거나 때로 영구적인 성격장애가 될 수도 있다. 최악의 경우에는 반사회적인 성격으로 발전하여 약물남용이나 범죄 행동을 보이기도 한다. ◆

2. 주의력결핍 과잉행동장애의 진단기준

주의가 산만하고 과잉행동을 보이는 것은 초등학교에 입학하기 전에 이미 시작되지만, 그러한 행동이 집 밖에서 문제를 일으키기 전까지 부모는 그러한 상황을 알아채지 못하는 경우가 대부분이다. 그래서 초기에 전문적인 도움을 구하지 못하고 문제가 시작된 지 여러 해가 지난 뒤에야 진단을 받는 경우가 많다.

이런 아동은 유치원이나 학교에서 잘 적응하지 못해 교사에게 자주 지적을 당하고 차분하게 학습 상황에 임하지 못한다. 또한 다른 사람에게 무례하며 적대적인 행동을 보이는 등 남을 잘 배려하지 못한다. 주의력결핍 및 과잉행동장애 아동의 70%는 이런 문제 때문에 치료를 받으러 온다. 그렇다면 이러한 행동들을 하는 아동에게 장애진단을 내릴 수 있는 기준은 무엇일까?

1) 진단기준이 되는 증상

임상장면과 연구장면에서 현재 가장 널리 사용되고 있는 정신장애 진단분류 체계 중 하나는 미국정신의학회에서 발간하는 『정신장애의 진단 및 통계 편람Diagnostic and Statistical Manual of Mental Disorders: DSM』인데, 2013년에 제5판이 출간되었다 (APA, 2013). 이 분류체계에 따르면 주의력결핍 과잉행동장애 Attention-Deficit/Hyperactivity Disorder: ADHD의 2가지 핵심 증상은 부주의와 과잉행동-충동성이다. 이 장애를 가진 아동은 자신과 비슷한 발달수준에 있는 다른 아동보다 더 자주 그리고 더 심하게 부주의한 행동 패턴이 지속되거나 과잉행동과 충동적인 행동을 보인다.

많은 경우 증상이 발생된 후 몇 년이 지나서 병원을 찾지만, 이런 과잉행동과 충동적 증상 및 부주의 증상은 적어도 12세 이전에 나타난다. 어떤 아이는 만 한 살이 된 무렵부터 부모가 쫓아다니기 힘들 정도로 부산한 행동을 보이기도 하며, 높은 데서 떨어지거나 자주 다치는 등 부모가 잠깐만 한눈을 팔아도 이런저런 사고가 발생한다. 유아원이나 유치원에서는 교사의 말을 듣지 않고 마음대로 돌아다니는 등 다루기 힘든 아이나 유별난 아이로 지적을 많이 받는다. 이런 증상들 때문에 사회생활에 잘 적응하지 못하고, 학업이나 직업 기능도 손상된다.

주의력결핍 과잉행동장애의 진단기준 (DSM-5; APA, 2013)

A. 1 또는 2 중에 한 가지 이상 해당될 때 진단함

1. 부주의

: 다음 증상 가운데 6가지 이상의 증상이 부적응적이고 발달수준에 맞지 않는 정도로 6개월 이상 지속될 때

- 세부적인 면에 면밀한 주의를 기울이지 못하거나 학업, 직업, 다른 활동 등에서 부주의한 실수를 저지른다.
- 일이나 놀이를 할 때 지속적으로 주의를 집중할 수 없다.
- 다른 사람이 말을 할 때 경청하지 않는 것으로 보인다.
- 지시를 완수하지 못하고 학업, 잡일, 작업장에서의 임무를 수행하지 못한다(반항하기 위해서나 지시를 이해하지 못해서가 아님).
- 과업과 활동을 체계화하지 못한다.
- 지속적으로 정신적인 노력을 요구하는 과업(학업, 숙제 등)에 참여하기를 피하고 싫어하며 저항한다.
- 활동이나 숙제에 필요한 물건들(장난감, 학습과제, 연필, 책, 도구 등)을 잃어버린다.
- 외부의 자극에 의해 쉽게 산만해진다.
- 일상적인 활동을 잊어버린다.

2. 과잉행동과 충동성

: 다음 증상 가운데 6가지 이상의 증상이 부적응적이고 발달수준에 맞지 않는 정도로 6개월 이상 지속될 때

- 손발을 가만두지 못하거나 의자에 앉아서도 몸을 옴지락거린다.
- 앉아있어야 하는 교실이나 다른 상황에서 자리를 이탈한다.

- 상황에 부적절하게 지나치게 뛰어다니거나 기어오른다(청소년이나 성인에서는 주관적인 좌불안석을 보이면 이에 해당).
- 조용히 여가 활동에 참여하거나 놀지 못한다.
- '끊임없이 활동하거나' 마치 '무엇인가에 쫓기는 것' 처럼 행동한다.
- 지나치게 수다스럽다.
- 질문이 채 끝나기 전에 성급하게 대답한다.
- 차례를 기다리지 못한다.
- 다른 사람의 활동을 방해하고 간섭한다(대화나 게임 등에 참견).

B. 심각한 부주의나 과잉행동-충동성의 증상이 12세 이전에 있었다.

C. 심각한 부주의나 과잉행동-충동성의 증상이 2가지 이상의 장면(학교, 작업장, 가정 등)에서 나타난다.

D. 증상이 사회적, 학업적 또는 직업적 기능을 방해하거나 손상시키는 명백한 증거가 존재한다.

E. 증상이 정신분열증이나 다른 정신증적 장애의 경과 중에만 발생하지 않으며 다른 정신장애로 더 잘 설명되지 않는다.

DSM-5에서는 부주의 증상을 특징적으로 보이는 '주의력결핍형', 과잉행동과 충동성의 증상을 주로 보이는 '과잉행

동—충동형' 그리고 이 2가지가 혼재되어 나타나는 '혼합형'의
3가지 하위유형으로 증상을 구분하기도 한다. 그러면 부주의,
과잉행동, 충동성 각각에 대해 자세히 알아보자.

(1) 부주의

부주의는 학업, 직업, 사회적 상황에서 드러난다. 이 장애
가 있는 사람들은 세부적인 면에 면밀한 주의를 기울이지 못
하고, 학업이나 다른 과업에서 자주 실수를 범한다. 흔히 신중
하게 생각하지 않고 무질서하고 부주의하게 일한다. 일이나
공부 혹은 놀이를 하면서 지속적으로 주의를 집중하지 못하
고, 일을 끝마칠 때까지 과업을 지속하지 못하며, 마치 마음이
다른 곳에 가 있고 다른 사람이 무슨 말을 하는지 경청하지 않
는 것처럼 보인다.

이 장애로 진단받은 사람은 한 가지 일을 시작하자마자 또
다른 일에 관심을 가지고 이것저것 손을 대기 때문에 한 가지
일도 제대로 끝내지 못한다. 또한 그들은 다른 사람의 요청이
나 지시에 따라 일을 잘 하지 못하는데, 이는 지시를 이해하
지 못하거나 반항적인 성격 때문이 아니라 부주의하기 때문
이다.

또 직접 관계가 없는 사소한 자극에도 쉽게 산만해지고, 다
른 사람들은 보통 무시하는 자동차 경적소리 같은 사소한 소

음이나 사건에 주의를 기울이기 때문에 하고 있던 일을 자주 중단하게 된다. 예를 들어, 공부를 하다가도 밖에서 무슨 소리가 들리면 곧바로 일어나 밖으로 나가고, 공부하던 것은 잊어버린다.

이들은 흔히 일을 체계적으로 처리하기 어렵기 때문에 숙제라든가 문서작업 같은 지속적인 참여와 정신적 수고가 요구되거나 일의 체계성이나 집중적인 주의력이 요구되는 활동을 대단히 싫어하고 하지 않으려고 한다. 그래서 남들이 보기에는 반항하는 것으로 보일 수 있다.

또한 부주의한 경향 때문에 준비물이나 해야 할 일을 잊어버리는 경우가 많아 일상생활이나 일하는 습관이 혼란스럽다. 과업을 수행하는 데 필요한 재료를 흩뜨려놓고, 정리정돈을 못해 자기 물건을 잘 분실하고 부주의하게 다루고 망가지게 한다. 지우개나 연필, 우산, 심지어는 중요한 서류나 가방도 잃어버린다. 학교에 점심 도시락을 가져가는 것을 잊어버리거나 약속을 이행하지 않는 등 일상적인 활동도 잘 잊어버린다.

사회적 상황에서도 대화 내용이 자주 바뀌고 다른 사람의 말에 귀를 기울이지 못하며, 대화에 전념하지 않아 다른 사람을 기분 나쁘게 만들기도 한다. 경기나 게임을 할 때도 규칙과 세부사항을 잘 따르지 못한다.

(2) 과잉행동

과잉행동은 무언가를 계속 만지작거리거나 자리에서 옴지락거리고, 가만히 앉아있어야 할 경우에도 잠시도 가만히 앉아있지 못하는 것으로 나타난다. 또 상황에 맞지 않게 지나치게 뛰어다니거나, 아무 데나 기어오르고, 일을 조용하고 차분하게 하지 못한다. 끊임없이 활동하거나 마치 무언가에 쫓기는 사람처럼 보이고 지나치게 수다스럽게 말하기도 해서, 어떤 계획과 목적을 가지고 행동하는 것이 아니라 정신없이 뭔가를 하는 것처럼 보인다.

과잉행동은 나이와 발달수준에 따라 다양한데, 어린 아동에게는 이 진단을 신중하게 내려야 한다. 주의장애가 있는 걸음마 시기와 학령기 이전의 소아는 모든 것을 항상 멋대로 한다는 점에서 정상적인 아이들과 다르다. 그들은 앞뒤로 돌진하고, 옷을 입히기 전에 이미 문밖으로 뛰어나가며, 가구 위로 기어오르고, 집 안을 온통 정신없이 뛰어다닌다. 그리고 유치원에서 앉아서 하는 집단활동에 참여하는 데 어려움을 보인다.

주의력결핍 과잉행동장애가 있는 학령기 아동도 비슷한 행동을 나타내지만, 걸음마 시기나 학령기 이전의 소아에 비해 빈도나 강도는 더 약하다. 학령기 아동은 자리에 계속 앉아있지 못하고 자주 일어나며, 의자에서 몸을 뒤틀고 옴지락거린다. 주변에 있는 물건을 만지고, 손을 두드리거나 지나치게 발과 다리를 흔들기도 한다. 식사 중이나 TV 시청 중에, 또는 공부하다가도 자리에서 일어나서 수다스럽게 말을 많이 하며 소란을 피운다.

청소년과 성인의 과잉행동 증상은 아동기에 비해 일반적으로 감소하지만 안절부절못하고, 조용히 앉아서 하는 활동을 잘 하지 못하는 양상으로 흔히 나타난다.

(3) 충동성

충동성은 성급하게 말하거나 행동하는 것이다. 충동성에 문제가 있는 아동은 질문이 채 끝나기도 전에 성급하게 대답하고, 자기 차례를 기다리지 못하며, 사회·학업·직업 장면에서 장해를 초래할 정도로 다른 사람의 활동을 방해하고 간섭한다. 이들은 자신의 행동이나 말이 어떤 결과를 가져올 것인지를 예상하지 못하는 듯 행동하여 조심성이 없고, 주변 상황을 주의 깊게 살피지 않으며, 지금 당장 원하는 것을 하거나 손에 넣으려 한다.

충동성은 대인관계를 나쁘게 만든다. 이를테면 이들은 다른 사람에게 말할 기회를 주지 않고 남의 말을 중간에서 끊고 자기 얘기만 한다. 또 다른 사람의 활동을 간섭하고 자신과 관련 없는 일에까지 끼어든다. 게다가 차례를 기다리지 못하고,

지시를 경청하지 못하며, 적당하지 않은 시점에 대화를 시작하기 때문에 다른 사람에게 미움을 받고 따돌림을 당하게 된다. 그러나 정작 자기 자신은 잘못한 게 없다고 생각하며 왜 남들이 자기를 싫어하고 따돌리는지를 알지 못한다.

또 어린 아동의 경우에는 자기가 갖고 싶으면 다른 사람의 물건을 생각 없이 만지고 가로채기도 한다. 아무 데서나 만지지 말아야 할 것을 만지기 때문에 남들에게 버릇이 없다는 인상을 준다. 심하면 가게에서 갖고 싶은 물건을 훔치기도 한다.

충동성 때문에 물건을 뒤집어엎거나 다른 사람과 잘 부딪치고, 뜨거운 냄비를 쏟는 등의 사고를 자주 일으킨다. 청소년기에는 사소한 일로 쉽게 남과 싸우거나 가출하거나, 본드나 마약을 사용하기도 하며, 오토바이를 타고 폭주를 하거나 성적인 문제를 일으키기도 한다.

2) 진단 시 고려할 점

(1) 불안한 아동도 주의가 산만하기 때문에, 이를 고려하여 진단해야 한다

주의산만하고 가만히 앉아있지 못한다고 해서 모두 주의력결핍 과잉행동장애는 아니다. 아동이 정서적으로 불안하거나 우울할 때도 이와 유사한 증상을 보일 수 있다. 즉, 안절부절

못하거나 한곳에 집중적으로 신경을 쓰지 못해 공부나 일의 효율성이 떨어지는 것은 불안이 심할 때에도 나타난다. 따라서 겉으로 드러나는 양상만을 보고 진단을 내리면 잘못 진단할 가능성이 있으므로 조심해야 한다. 주의력결핍 과잉행동장애와 불안장애는 치료방법이 다르기 때문에, 진단은 반드시 전문가의 철저한 평가를 거쳐야 한다.

(2) 부주의와 과잉행동, 충동성이 여러 상황에서 나타나야 한다

앞에서 살펴본 여러 가지 증상은 흔히 가정이나 학교, 직장을 포함한 여러 생활 장면에서 나타난다. 주의력결핍 과잉행동장애라는 진단을 내리기 위해서는 적어도 2가지 장면에서 손상이 나타나야 한다. 만약 학교에서는 아무 문제가 없고 집에서만 과잉행동과 부주의를 보인다면, 그것은 가족과의 관계나 집안 분위기와 관련된 것일 수 있으며, 그런 경우에는 주의력결핍 과잉행동장애라고 단정할 수 없다. 그러나 모든 장면에서 항상 같은 수준의 기능 장애를 보이는 경우는 아주 드물다.

증상은 주로 지속적인 주의나 정신적 노력이 요구되는 상황, 또는 관심을 끌 만한 매력이 없거나 신기함이 없는 상황에서 나타난다. 예를 들어, 수업 중에 선생님의 말을 계속해서 경청하거나 오랜 시간이 걸리는 숙제를 하거나, 두꺼운 책을 읽는 것 등은 이들에게 몹시 힘들게 느껴진다. 단조롭고 반복적인 작업을 계속해야 하는 상황에서는 더욱 증세가 악화된다. 그러나 관심이 가거나 흥미 있는 일에는 비교적 오랫동안 주의를 기울일 수 있다. 예를 들어, 컴퓨터 게임을 좋아하는 아동이나 청소년은 주의력 장애가 있어도 게임에 오랫동안 집중할 수 있다. 이를 보고 주의력결핍 과잉행동장애가 아니라고 판단해서는 안 된다.

이들은 엄격한 외부의 통제가 있을 때, 신기하거나 재미있는 상황에 있을 때, 또는 적절한 행동에 대해 자주 보상이 주어지는 상황에서는 증상이 최소한으로 보이거나 보이지 않을 수도 있다. 예를 들어, 아버지를 무서워한다면 아버지 앞에서는 충동성이나 과잉행동이 줄어든다. 또 자신이 좋아하는 것을 얻기 위해 자기 행동을 어느 정도 통제하기도 한다. 이런 것을 행동수정에 이용할 수 있다. 주변 환경이 복잡하거나 많은 사람이 있을 때 더욱 주의산만해지고 과잉행동을 보이지만, 단순하고 차분한 환경에서는 그런 경향이 줄어든다.

3) 심리검사로 진단하는 방법

자녀가 이상에서 살펴본 진단기준에 상당히 들어맞는다고

판단이 되면 전문가를 찾아가야 한다. 전문가를 찾기 전에 전문적인 진단을 받아야 할지의 여부를 좀 더 알아보고자 한다면 부모나 교사가 대략 실시해볼 수 있는 평가방법으로 코너스Conners의 평가지를 이용할 수 있다.

주의력결핍 과잉행동장애를 더 정확하게 평가하기 위해서는 부모와 교사의 세심한 관찰이나 전문가와의 상담뿐만 아니라 아동의 상태를 객관적으로 알아볼 수 있는 심리검사가 도움이 된다. 심리검사를 통해 겉으로 드러나는 행동뿐 아니라 지능지수 같은 전반적인 지적 능력, 주의력이나 집중력 같은 특수한 인지적 능력, 문제를 해결하는 양상과 그 효율성, 충동성, 현재의 정서 상태, 부모나 주변 사람들과의 관계를 포함한 대인관계 양상, 자기 자신에 대한 생각과 자신감 등 다양한 측면을 평가할 수 있다. 따라서 흔히 주의력 검사뿐만 아니라 지능검사, 그림검사를 포함한 투사검사, 부모와 교사의 평가, 부모의 성격평가 등 다양한 심리 검사가 실시된다. 종합적인 심리검사를 바탕으로 정확한 평가가 이루어져야 그 아동에게 가장 적합한 치료방법을 찾을 수 있다.

심리검사는 국가가 공인하는 '정신보건임상심리사 1급' 자격을 지녔거나 한국심리학회 산하 한국임상심리학회에서 발급하는 '임상심리전문가' 자격을 취득한 전문가에게 받는 것이 좋다. 이들은 대학원에서 임상심리학을 전공하고 정신과

🔑 코너스의 간편 진단 질문지

여러분의 자녀나 학생이 다음 10가지 행동을 어느 정도나 보이는지를 해당 점수에 표시하십시오.

0	1	2	3
전혀 없음	약간	상당히	아주 심함

1. 차분하지 못하고 지나치게 활동적이다.　　　0　1　2　3
2. 쉽게 흥분하고 충동적이다.　　　　　　　　0　1　2　3
3. 다른 아이들에게 방해가 된다.　　　　　　0　1　2　3
4. 한번 시작한 일을 끝내지 못하고, 주의집중
　시간이 짧다.　　　　　　　　　　　　　　0　1　2　3
5. 늘 안절부절못한다.　　　　　　　　　　　0　1　2　3
6. 주의력이 없고 쉽게 주의가 분산된다.　　　0　1　2　3
7. 요구하는 것은 금방 들어주어야 한다.
　그렇지 않으면 쉽게 좌절한다.　　　　　　0　1　2　3
8. 자주 또 쉽게 울어버린다.　　　　　　　　0　1　2　3
9. 금방 기분이 확 변한다.　　　　　　　　　0　1　2　3
10. 화를 터뜨리거나 감정이 격하기 쉽고,
　행동을 예측하기 어렵다.　　　　　　　　0　1　2　3

평정한 10문항의 점수를 모두 더해 16점을 넘으면 주의력결핍 과잉행동장애일 가능성이 있다. 이 경우 전문가와 상담하고 더 정밀한 심리검사를 받아보아야 한다.

출처: 오경자, 이혜련(1989).

병원 및 상담소 등의 현장에서 3년 이상 수련을 받은 후 자격
시험을 통과한 사람들로, 심리검사 도구를 활용한 종합적 심
리평가 능력의 전문성을 공인받은 사람들이다. 2014년 현재
정신보건 임상심리사 1, 2급은 약 2,200명, 임상심리전문가는
약 900명이 등록되어 있다. ◆

 심리평가 및 진단 전문가

- 임상심리 관련 자격증: 임상심리전문가, 정신보건임상심리사
- 지역별 임상심리학자 찾기: 한국심리학회 산하 한국임상심
  리학회(www.kcp.or.kr)

3. 유병률과 성차

미국정신의학회에서 발행한 『정신장애의 진단 및 통계 편람-제5판DSM-5』 및 여러 연구에 따르면 ADHD의 발생 빈도는 학령기 전체 집단에서 5~8%로 추정된다(Mash & Wolfe, 2009/2012; Miller & Hinshaw, 2012; Wicks-Nelson & Israel, 2015/2015). 우리나라의 역학조사 결과 초등학생의 유병률은 약 13%, 중·고등학생의 경우 약 7%였다(김붕년, 정동선, 황준원, 김재원, 조수철, 2006: 홍강의 등, 2014에서 재인용). 이렇게 볼 때 ADHD는 가장 흔한 아동기 장애 중 하나다.

이 장애의 남녀 성비는 2:1 내지 5:1로, 여아보다는 남아에게서 더 많이 나타난다(Mash & Wolfe, 2009/2012; Wicks-Nelson & Israel, 2015/2015). 이러한 성비의 차이는 특히 과잉행동-충동형과 복합형에서 두드러지게 나타난다(Miller & Hinshaw, 2012). 여아보다 남아에서 ADHD가 나타날 위험이 왜 더 높은지는 분명하지 않지만 유전적인 측면에서 보면 유전되는 특성이 단지 남아에게서만 나타나는 경우가 있다. 따라서 남자가 유전과 관련된 생물학적 위험이 다소 더 크다고 볼 수 있으며, ADHD 또한 그런 장애 중의 하나일 수 있다. 이러한 성차는 ADHD에서만이 아니라 지적장애와 읽기 장애 같은 학습장애에서도 나타난다.

남아가 이 장애를 더 많이 가지는 이유에 대해 또 다른 관점으로 유전적인 이유라기보다 양육방식에서의 차이를 들기도 한다. 대개 여아에게는 얌전하고 차분하게 행동할 것을 권장하기 때문에 과잉행동이나 충동적인 행동이 어려서부터 제지를 당하게 되어 그런 행동이 두드러지게 나타나지 않을 수 있다. 이에 비해 남아는 씩씩하고 용감하게 키우는 것이 좋다는 통념이 있기 때문에 과잉행동이나 충동적인 행동이 허용되는 경우가 많다. 심지어는 활동적인 행동을 긍정적으로 보기까지 해서 커다란 문제를 일으키기 전까지는 별로 제약을 받지 않으며, 때로는 강화를 받기 때문에 더 두드러지게 나타날 수도 있다. 이처럼 남아가 파괴적 행동 증상을 많이 보이고, 진단기준도 남아를 대상으로 제작됨으로써 여아가 실제보다 과소 진단될 가능성이 있다(Mash & Wolfe, 2009/2012; Wicks-Nelson & Israel, 2015/2015). 따라서 유병률에서의 성비 차이에 대해서는 더 많은 연구가 필요하다. ❖

4. 경과와 예후

주의력결핍 과잉행동장애는 연령에 따라 보이는 양상이 조금씩 달라진다. 출생 직후부터 성인에 이르기까지 나타나는 전형적인 특성을 알아보자.

1) 유아기

출생 직후부터 예민하고 까다로워서 키우기 힘든 아이였던 경우가 많다. 특히 걸음마를 하기 시작하면서부터는 이것저것 다 만져보고 난장판을 만들어놓기 일쑤이고, 아무 데나 기어올라가며, 조심성이 없어 자주 넘어지고, 높은 곳에서 떨어지는 일도 종종 일어난다. 그래서 자주 다치고 잠깐 지켜보지 않은 사이에 집 밖으로 뛰쳐나가 위험에 노출되기도 한다.

2) 유아원과 유치원 시기

만 3~4세의 정상적인 아이 중 절반 이상이 부모가 보기에는 주의산만하고 과잉행동을 보인다. 그러나 이는 발달 과정상 나타나는 자연스러운 현상일 수도 있으므로 그런 경향을 보인다고 해서 모두 ADHD라고 판단해서는 안 된다. 정상적인 경우에는 몇 달 정도 지속되다가 나아지거나, 정서불안 때문에 그럴 수도 있다. 그래서 발병 시기는 보통 3세 무렵으로 추정하지만, 초등학교에 입학할 때까지는 진단을 내리는 데 조심해야 한다. 그러나 그런 행동이 1년 이상 계속된다면 나중에 학교에 가서도 주의집중에 문제를 보일 가능성이 크다.

이 시기의 아이들에게서 나타나는 행동에서 주의해서 살펴볼 행동특성은 다음과 같다.

- 높은 곳에 올라가는 등 조심성이 없다.
- 마치 모터가 달린 것처럼 계속해서 뛰어다니고 돌아다닌다.
- 자기가 원하는 것을 집요하게 요구하고 고집을 부리거나 떼를 쓴다.
- 기분이 자주 변하고 쉽게 화를 낸다.
- 부모의 말을 잘 듣지 않고 반항적이다.

- 유치원에서 교사의 지시사항을 잘 따르지 않는다.
- 수업시간에 아무 데나 돌아다니고 제멋대로 행동한다.
- 시끄럽게 떠들거나 장난을 심하게 친다.
- 친구들 일에 간섭하거나 사소한 일로 다툰다.

3) 초등학교

초등학교에서는 아이들에게 부과되는 요구가 많아지는데, ADHD 아동은 이를 잘 견디지 못한다. 예를 들면, 수업시간에 가만히 앉아 있지 못하고 몸을 뒤틀고 딴짓을 해 자주 지적을 당한다. 또 숙제하는 것을 잊어버리고 준비물을 챙기지 못하고 물건을 자주 잃어버린다. 한 가지 일에 집중을 잘 못해 학습에 문제를 보이기도 하고, 충동적인 행동 때문에 친구들과 자주 싸우거나 따돌림을 당하기도 한다. 다음의 특성을 눈여겨보자.

- 자리에 가만히 앉아있지 못한다.
- 교사의 말에 주의를 기울여 듣지 않는다.
- 교사의 지시를 따르지 않는다.
- 충동적인 행동을 참지 못한다.
- 다른 학생들과 협동하거나 사이좋게 놀지 못한다.

- 20~25%는 읽기를 제대로 못한다.
- 쓰기와 산수 문제를 푸는 데 실수가 많다.
- 옷을 깨끗하게 입거나 깨끗이 씻는 것 등 일상적인 일들도 책임 있게 하지 못한다.
- 다른 사람들의 대화에 끼어들고 참견하며, 남을 괴롭히기도 한다.
- 동아리나 스카우트 활동 같은 집단행동에서 어려움을 참지 못한다.

초등학교 고학년이 되면 산수나 읽기, 쓰기에서 학습곤란이 심해질 수 있다. 또 대인관계와 행동상의 문제가 두드러진다. ADHD 아동의 1/4은 학습장애를 보인다(Miller & Hinshaw, 2012). 또한 거짓말도 늘고, 갖고 싶은 것을 참지 못해 사소한 도둑질을 하는 등 품행 문제와 반사회적 행동 경향도 보일 수 있다. 종종 부모나 교사의 말에 반항을 하고 따지며, 이로 인해 주변에서 부정적인 평가나 처벌을 많이 받아 자존감이 저하된다.

4) 청소년기

ADHD 아동의 절반 정도는 청소년기가 되기 전에 과잉행

동과 충동성이 많이 감소한다. 그러나 초등학교 시절에 주의
력결핍과 과잉행동에 수반되는 많은 문제를 보이기 때문에,
적절한 시기에 치료를 하지 않으면 그 후유증으로 청소년기에
도 문제가 지속된다. ADHD 사례의 과반수가 반항성장애ODD
또는 품행장애CD의 진단을 충족시켜 공격성 계열의 증상군을
동반한다(Mash & Wolfe, 2009/2012). 즉, 무책임한 행동을 보
이거나 타인의 권리를 해치고 사회적 규범을 어기는 등의 문
제를 보이게 된다. 또한 불안, 위축, 우울 등의 내재화 장애가
흔히 나타나 ADHD 아동과 청소년의 1/4~1/3이 이러한 공병
양상을 보인다(Mash & Wolfe, 2009/2012; Miller & Hinshaw,
2012; Wicks-Nelson & Israel, 2015/2015). 흔히 나타나는 문제
행동은 다음과 같다.

- 부모나 교사의 말을 듣지 않고 대든다.
- 술이나 본드 등에 손을 대고, 이성교제에서 성적인 문제
  를 일으키기도 한다.
- 수학, 읽기, 쓰기 등에서 낮은 수행을 보이며, 학습장애
  가 심해 학업을 잘 따라가지 못한다.
- 학교에 적응하지 못해 중간에 학업을 그만두는 경우도
  생긴다.
- 자신감이 없어지고 미래에 대한 희망이 없어 자포자기하

는 경향도 생긴다.

• 우울증에 빠지거나 분노감정이 누적된다.

앞에서 예로 들었던 중학생 영철이는 초등학교 때부터 주의가 산만하고 학교 공부를 따라가지 못하는 문제를 보였지만, 너무 오랫동안 치료하지 않고 내버려두어서 학습장애가 오고 기초가 너무 부실해서 학교 수업을 전혀 따라가지 못하게 된 경우다. 그러다 보니 학교생활이 재미가 없고 친구들에게도 바보 취급을 당하게 되어 자기에 대한 가치감을 느끼지 못해 중학생이 되어서도 여전히 자기 행동을 잘 통제하지 못하고 어느 것도 제대로 하지 못하는 사람으로 낙인찍히게 된 것이다.

5) 성인기

ADHD 아동의 40~60%는 성인기까지 주의산만한 경향이 지속된다(Wicks-Nelson & Israel, 2015/2015). 성인이 되면 과잉활동은 감소하지만 주의산만과 부주의는 여전히 남아있다. 이 때문에 대인관계 문제, 우울증, 낮은 자존감 등을 보일 수 있고 정상적으로 직장생활을 하지 못하는 경우가 생긴다. 더욱 심각한 문제는, 이들 중 일부는 반사회적 성격장애가 된다는 것이다. 이들은 범죄를 저지르고, 사회규범에 반하는 무책임하고 충동적인 행동을 하는 등 사회에 적응하지 못한다.

아이의 문제를 부모나 교사가 제대로 알아차리지 못하거나, 문제가 있어도 나이가 들면 나아지겠지 하고 방관하는 태도를 가진다면 앞에서 알아본 것처럼 청소년기는 물론이고 성인이 될 때까지 많은 문제를 보일 수 있다. 그러나 미리 실망할 필요는 없다. 적절한 시기에 약물치료와 심리치료를 받으면 청소년기와 성인기를 성공적으로 보낼 수 있다. 다만 이들의 특성상 부모나 교사가 다른 정상 아동보다 더 세심하게 관찰하고 아동의 특성에 적합한 환경을 조성하도록 노력을 기울여야 한다. ◈

주의력결핍 과잉행동장애는
왜 생기는가

2

1. 생물학적 요인

1) 유 전

ADHD는 유전되는 것인가? 유전적 요인에 대한 근거는 대부분 쌍둥이나 형제자매, 입양아에 대한 연구에서 나왔다. 일란성 쌍둥이는 유전자가 거의 일치하기 때문에 신체 질병이나 심리장애에서의 일치율이 이란성 쌍둥이나 형제자매보다 높다. 쌍둥이 연구에 의하면 ADHD 증상의 일치율은 평균 80%로 매우 높다(Mash & Wolfe, 2009/2012; Wicks-Nelson & Israel, 2015/2015). 또한 과잉행동 아동의 형제자매에게서 ADHD가 동반 발생할 위험도 역시 일반인보다 높다.

이 장애를 가지고 있는 아동의 부모에게서도 과잉행동, 사회병리, 알코올 문제 등의 발생 빈도가 높게 나타난다(Mash & Wolfe, 2009/2012). 그리고 다른 가정에 입양되어 양육된 아동이 ADHD를 갖고 있는 경우, 양부모보다 친부모에게서 ADHD가 있을 확률이 더 높다. ADHD 아동의 일촌 관계가족 중 10∼35%가 ADHD를 보였다(Wicks-Nelson & Israel, 2015/2015). 이런 연구결과들은 이 장애가 후천적 환경보다는 유전자에 의해 유전될 가능성이 높다는 것을 보여준다. 그러나 쌍둥이의 경우에도 100% 일치하지는 않는 것으로 보아 모든 ADHD를 유전만으로 설명하기는 어렵다.

ADHD와 관련되는 단일 유전자를 밝히려는 연구들이 수행되고 있지만 아직까지 원인이라고 단정지을 만한 특정 유전자가 밝혀지지는 않았다. 도파민 수용 및 조절과 관련된 유전자와의 관련성이 제기되고 있으나, 단일 유전자보다는 복합적 요인들 간의 상호작용이 시사되고, 이를 확증하기 위해서는 더 많은 연구의 뒷받침이 필요하다(Mash & Wolfe, 2009/2012; Wicks-Nelson & Israel, 2015/2015).

2) 뇌손상

ADHD의 원인을 뇌손상과 관련해 연구한 것을 보자. 먼저, 임신 중이나 출산과정에서 발생할 수 있는 미세한 뇌손상이나, 출생 후 어떤 중요한 시기의 고열, 감염, 독성물질, 대사장애 또는 외상으로 인한 뇌손상이 ADHD를 유발했을 가능성이 있다는 점이 오래전부터 제기되었다.

뇌영상 연구결과, ADHD 아동들은 뇌의 전두엽에서 혈류와 신진대사가 감소되어 있는 것으로 나타났다. 전두엽은 어떤 행동을 하지 못하게 억제하는 역할을 수행하는데, 그런 기제가 적절하게 작동하지 못해서 과잉행동이 생긴다는 가설이 제기되기도 하였다. 최근에는 뇌의 전두선조체 영역, 변연계, 소뇌구조와 그 사이의 연결망에서 이상이 있음이 밝혀지고 있고, 뇌의 성숙이 느리거나 전체 뇌 크기가 다소 작다는 연구결과도 있다(Mash & Wolfe, 2009/2012; Wicks-Nelson & Israel, 2015/2015).

이런 여러 연구결과를 종합해보면, ADHD 아동의 전두엽 기능이 손상되었을 가능성이 시사되지만 연구결과들이 일관적이지 않기에, 여러 뇌 영역의 연결망이 관여하는 복합적인 장애일 가능성이 크다. 따라서 모든 ADHD 아동에게 중추신경계통의 뇌손상이 있다는 증거는 아직 불충분하다. 실제 뇌손상을 입어 신경계통에 질환이 있는 아동에게서 주의력결핍이나 과잉행동이 반드시 나타나지는 않는다. 그러나 여러 연구를 통해 학습장애에서처럼 ADHD도 미세한 뇌기능 장애가 관련이 있을 수 있다는 것은 추정해볼 수 있다. 이 분야는 앞으로 더 연구되어야 명확한 결론을 내릴 수 있을 것이다.

3) 뇌의 화학물질의 이상

신경생화학적 요인으로 신경전달물질의 기능 장애가 원인이라는 가설도 있다. 우리의 뇌를 비롯한 신경계에는 신경전달물질이라는 화학물질이 있어 세포들 간에 정보를 전달하는 역할을 한다. 이런 여러 종류의 신경전달물질 중에서 노르에피네프린이나 도파민의 이상이 주의력결핍과 과잉행동의 원인이라는 가설이 있다(Zametkin et al., 1990). 도파민과 노르에피네프린에 영향을 주는 자극제 약물이 ADHD 치료에 효과적이라는 데서 이 가설이 지지된다(Wicks-Nelson & Israel, 2015/2015).

과잉행동을 신경전달물질 같은 생화학적 과정의 이상에서 오는 것으로 보는 이론에서는 과잉행동의 발달에서 환경적 독소가 중요한 역할을 한다고 강조한다. 과거 수년간 설탕이나 인공감미료, 방부제 같은 인위적인 식품첨가물, 형광성 불빛이나 납성분, 공해 등의 현대적인 환경요소들이 ADHD의 발생에 영향을 미쳤을 것이라는 제안이 나왔다. 그러나 또 다른 연구결과를 보면, 이러한 식품첨가물을 배제한 섭식 치료를 했을 때 긍정적인 효과를 보인 아이들이 극소수이고, 이들 물질의 영향에 대해서는 지지 증거가 희박하다(Mash & Wolfe, 2009/2012; Wicks-Nelson & Israel, 2015/2015).

4) 임신과 출산합병증

ADHD 원인 중의 하나로 임신 중이나 출산과정의 상황을 고려해볼 수 있다. 어머니가 임신 중이나 출산할 때 어떤 문제가 있었거나 합병증을 겪으면서 낳은 아동이 그렇지 않은 경우보다 ADHD에 걸리는 확률이 더 높다는 보고도 있다. 이는 임신이나 출산과 관련된 문제나 합병증이 태아의 정상적인 뇌발달을 저해하였을 수도 있고, ADHD의 다른 원인에 영향을 끼쳤을 수도 있음을 시사한다. 그러나 광범위한 조사 연구에 의하면 산모가 합병증을 겪으면서 출산한 아동에게서 ADHD에 걸릴 위험률이 단지 약간 상승했을 뿐 큰 영향을 미치지는 않는 것 같다. 때로는 산모의 흡연, 음주, 약물 남용 등이 일부 ADHD의 원인이 될 수 있다. 그러나 대부분의 경우 임신과 출산합병증이 ADHD의 근본적인 원인이라고 보기는 어렵다 (Mash & Wolfe, 2009/2012; Wicks-Nelson & Israel, 2015/2015).

ADHD의 생물학적 원인이나 유전적인 요인에 대해 이처럼 여러 가지 가설이 있다. 결론적으로 ADHD의 정확한 원인은 아직 충분히 밝혀지지 않았지만, 생물학적 이론을 지지하는 증거들이 점차 축적되고 있다. 즉, 뇌영상 연구들뿐 아니라 정신을 자극하는 약물을 사용했을 때 ADHD의 치료 효과가 높은 것으로 보아, 신경전달물질의 이상이 ADHD의 원인이라고 볼 수도 있다. 그러나 여러 뇌 영역에서 여러 신경전달물질의 복잡한 상호작용에 대해 아직까지 알려진 것은 많지 않다. ◆

2. 심리사회적 환경과 양육방식

ADHD의 원인으로 보기는 어렵지만, ADHD를 유발하는 데 영향을 준다고 생각되는 후천적인 경험이나 환경적 요인이 있다. 유전적 원인이나 생물학적 원인으로 인한 위험 요인들을 갖고 있는 경우 이러한 심리사회적 요인과의 상호작용을 통해 ADHD가 발생하는 것으로 추정된다.

1) 부모와 가족

부모와 가족의 문제를 거론할 때는 역시 유전적 요인이 가장 중요하다. 유전적인 요인 외의 심리사회적인 요인을 보자면, 어머니의 낮은 학력이나 부모의 낮은 사회경제적 지위, 편부나 편모, 그리고 아버지가 가족을 버린 경우 등이 가족과 관련된 위험요인으로 제기되어 왔다. 그러나 이러한 요인들은

ADHD의 유병률을 미세한 정도로 상승시킬 뿐이며, 그런 부모를 둔 아동들이 반드시 ADHD에 걸리는 것은 아니다. 따라서 이런 요인들은 ADHD와 일관적으로 연관되지는 않는다.

더 중요하게 고려해야 할 것은 부모의 성격특성이다. 특히 부모가 아동을 돌보고 양육하는 데 저해가 될 수 있는 심리적인 문제를 갖고 있는 경우가 문제가 될 수 있다. 과잉행동을 하는 자녀에게 어머니가 부정적이고 비판적이며 명령하는 태도로 다룬 사례의 경우 몇 년 후에도 과잉행동의 문제가 지속적으로 나타났다. 자녀에게 적대적인 부모나 부부간에 문제가 있는 부모, 가족 간 갈등이 있는 경우에도 부정적인 기질을 가진 학령전기의 아동을 ADHD로 발전시킬 위험성을 높인다 (Mash & Wolfe, 2009/2012).

2) 아동의 기질과 부모 성격과의 상호작용

아동의 타고난 기질과 여러 심리사회적 요인이 결합하여 ADHD로 발현될 가능성이 크다는 연구들이 있다. 학령전기에 기질이 부정적이고 요구가 많은 아동이 후에 ADHD가 될 가능성이 높다는 것이다. 기질이란 생애 초기부터 지속적으로 나타나는 성격특성으로서, 활동수준, 반응을 하는 데 있어서 에너지의 강도나 정도, 고집스러움, 주의의 폭, 다른 사람들에게 요구하는 것, 민감하거나 화를 잘 내거나 정서를 표현하는 양상, 기분 상태, 변화에 적응하는 능력, 수면, 식사, 배설 주기의 규칙성 등이 고려된다. 이러한 특성 중에서도 특히 아동이 이 시기에 과잉행동, 높은 반응 강도, 부주의, 부정적 기분, 낮은 적응력 등을 보이면 부모로 하여금 양육의 어려움을 느끼게 하고 비효과적인 양육행동을 유발할 수 있다. 이 같은 아동-부모 간 상호작용으로 인해 아동의 자기조절능력이 적절하게 발달하지 못하고 ADHD 증상을 악화시키거나 여러 공존장애를 유발할 가능성이 있다.

생애 초기에 나타나는 중요한 위험요인인 아동의 기질은 부모가 만드는 집안 환경에 의해 영향을 받는다. 부모가 어떻게 반응하는지에 따라 자녀의 과잉행동 증상이 개선될 수도 있고 더 악화될 수도 있는 것이다. 따라서 심리사회적 환경은 ADHD로 발전할 소지가 큰 아동의 초기 기질이 어떤 방향으로 발전하게 될지에 영향을 준다.

ADHD의 원인에 대해 아동의 소인타고난 기질과 스트레스의 병합 이론이 제안되기도 하였다. 이 이론에 따르면, ADHD는 타고난 성향과 부모의 잘못된 양육방식이 결합할 때 생긴다는 것이다. 이런 관점에서 보면 과잉활동성과 기분의 기복이 심한 성향을 가진 아동은 부모를 자주 화나게 만들 수 있다. 이 때 부모가 쉽게 인내심을 잃고 화를 자주 낸다면 아동은 스트레스를 받게 된다. 그러면 아동은 순종하라는 부모의 요구에 잘 따르지 않게 될 것이고, 부모는 자녀에게 더욱 부정적이고 거부적으로 반응하게 되어 점차 관계가 악화된다.

이처럼 부모와 자녀 사이에 파괴적이고 순종하지 않는 관계가 확립되었기 때문에 아동은 유치원이나 학교에 입학한 후에도 교사의 지시나 요구를 수용하지 않는다. 또 아동의 행동은 종종 학교의 규칙에 위반된다. 물론 부모와 아동 간의 관계는 일방적인 것은 아니다. 부모가 아동에게 명령을 많이 하고 부정적인 상호작용을 하면, 원래 과잉행동을 하는 경향이 있는 자녀 또한 고분고분하지 않고 반항하게 되며, 이 때문에 다시 부모가 부정적인 반응을 하게 되는 악순환을 반복한다.

위에서 언급한 연구결과에 의하면, 아동이 유치원에 들어가기 전에, 심지어는 두세 살 때도 ADHD 증상으로 전개될 수 있는 위험요인을 확인할 수 있다. 아동과 부모, 이 두 요인의 조합이 그런 예측을 하는 데 있어서 유용하다. 가족 중에 ADHD인 사람이 있고, 유아기나 학령전기에 활동이 지나치게 많고 요구가 많으며, 이런 양상을 보이는 아동에게 부모가 비판적이고 지시와 명령을 많이 하는 것 등이 ADHD를 계속 지속시키거나 악화시킬 수 있는 위험요인에 포함된다. ◆

3. 생물학적 요인과 환경적 요인의
상호작용

ADHD와 가장 밀접하게 연관되어 있고 ADHD의 원인이라고 생각되는 것은 기본적으로 생물학적이고 유전적인 요인이다. ADHD 증상을 가진 아동은, 행동을 억제하고 적절한 반응을 지속하며 주의가 산만해지지 않고 자신의 활동 수준을 통제하는 일을 하는, 뇌의 전두엽 영역의 활동이 정상인보다 부족하다는 것이 밝혀졌다. 이러한 뇌의 과소활동이 일어나는 정확한 원인은 알려져 있지 않지만, 앞에서 살펴본 바대로 이 영역에서 몇 가지 화학적 물질의 활동 수준이 낮은 것이 문제의 근원과 관련이 깊은 것으로 추정된다. 즉, 도파민 전달에 관여하는 유전자가 ADHD와 관련되어 있을 수 있다(Matson, Andrasik, & Matson, 2009/2012).

이런 생물학적 이유에 더해, 아동을 다루는 부모의 서투른 기술과 같은 환경적인 요인은 아동이 ADHD를 더 심각하고 더 지속적으로 나타낼 것을 예측하는 중요한 요인이다. 즉, 부모의 양육방식과 아동의 문제에 대한 부모의 대처방식이 아동의 증상과 그 증상으로 인해 2차적으로 나타나는 문제에 영향을 준다는 것이다. 일단 자녀에게서 ADHD 증상이 나타나면 부모는 상당한 스트레스를 받게 된다. 이때 부모가 대처하는 방식에 따라서 아동의 증상이 얼마나 심각하게 또 얼마나 오래 지속되는지가 부분적으로 결정된다. 부모의 대처방식은 아동의 공격적이고 반항적인 행동 등의 대인관계 문제와 자존감 문제를 더 악화시키기도 하고 완화시키기도 한다.

또 부모 자신에게 ADHD 증상이 있는 경우에는 이로 인해 자녀를 다루는 방식에 영향을 줄 수도 있다. 즉, 부모 안에 ADHD의 유전적 속성이 있어서 자녀에게 ADHD 증상을 일으키고, 동시에 부모 역할도 서툴게 만들 수 있다는 것이다. 그 근거로, 부모 중 한 명이라도 ADHD가 있을 경우 자녀가 ADHD를 갖게 될 위험이 거의 60%라는 연구결과를 들 수 있다(Mash & Wolfe, 2009/2012). 그렇지만 이러한 관계가 있음에도 불구하고 부모의 양육방식이 ADHD의 직접적인 원인은 아니다. 부모가 아동에게 반응하고 아동을 다루는 방식은 ADHD를 지속시키고 악화시키는 데 영향을 주는 요인으로 보인다. ❖

주의력결핍 과잉행동장애를
어떻게 치료할 것인가

3

1. 치료 계획

ADHD는 일시적으로 나타났다가 없어지는 과잉행동이나 주의산만이 아니다. 따라서 현재 학교생활에 적응하는 것도 어렵지만, 장기적으로 볼 때 미래의 인생에 나쁜 영향을 주는 행동장애라고 보아야 한다. ADHD 증상과 함께 이에 수반되는 여러 가지 심각한 문제가 제대로 인식되고 치료받지 못할 때 그 아동의 인생은 실패의 연속이 될 것이다. 대다수가 학습 곤란을 경험하고 절반 이상이 대인관계를 비롯한 사회생활에서 심각한 손상을 나타낸다. 이런 아동의 반항적이고 충동적인 행동은 부모나 형제자매 사이에 오해나 원망을 일으킬 수 있고, 주위에서 빈번하게 질책을 당하거나 처벌을 불러일으키기 쉽다. 나아가 범죄와 약물 남용 등의 더 큰 잠재적 위험이 도사리고 있다.

제1장에서 예로 든 영철이의 경우가 바로 그러하다. 초등

학교 때부터 여러 가지 문제를 보였지만 나이가 들면 나아지 겠지 하고 너무 오랫동안 방치한 결과, 학교수업도 따라가지 못할 정도의 학습부진아가 되었고, 친구들에게도 따돌림당하고 가족과도 사이가 멀어졌으며, 매사에 자신감을 잃어 자포 자기하는 등 모든 부분에서 심각한 장애가 온 것이다. 그 정도 가 되면 치료 효과도 좋지 않을 뿐더러 치료 기간도 매우 오래 걸린다. 영철이의 부모는 "우리 아이가 이 정도까지 될 줄은 몰랐다"며 조기에 치료를 하지 않은 것을 매우 후회하였다. 이에 비해 유치원이나 초등학교 저학년 때부터 치료를 받은 아동은 대개 상태가 호전되고 학교생활도 잘 해내는 경우가 많다.

1) ADHD라는 진단을 받았을 때의 감정

만약 여러분의 아이가 ADHD라는 진단을 받았다면 어떻게 느낄 것인가? 이제 무엇을 어떻게 해야 하는가? 처음에 부모 는 자녀의 문제를 부정할 수도 있다. 어떤 부모는 자신의 아이 가 ADHD라고 진단받은 것이나, 그 장애가 뇌의 신경학적 기 초에 문제가 있어서 그렇다는 것을 부정하려 한다. 아이가 크 게 잘못된 것은 없고 간단한 상담이나 몇 가지 행동관리 방법 으로 나아질 수 있다는 생각을 갖기도 한다.

이와는 대조적으로 어떤 부모는 자녀가 ADHD라는 것을 기꺼이 수용한다. 그들은 이미 오랫동안 아이의 증상에 대한 답을 찾아왔으며, 마침내 아이가 왜 그런지에 대한 답을 얻어 이제 도울 수 있는 방법을 찾을 수 있다고 생각한다. 이런 부모는 아동을 힘든 증상으로부터 구원하고 싶어 할 뿐만 아니라 부모 자신의 고통이나 죄책감을 줄이고 싶어 한다. ADHD에 생물학적 원인이 있다는 것을 아는 것이 가족에게는 오히려 심리적으로 편안함을 느끼게 만들 수도 있다. 왜냐하면 부모의 잘못 때문에 아이에게 문제가 생겼다는 죄책감에서 벗어나게 해주기 때문이다.

자녀가 ADHD라는 진단을 받았을 때 부모가 흔히 느끼는 감정은 다음과 같다.

(1) 분노

어떤 부모는 자녀가 ADHD라고 진단을 받으면 화를 낸다. 그들은 자기 아이에게는 아무것도 잘못된 것이 없다고 말해주기를 바라기 때문이다. 또 자신이 자녀를 잘못 키웠거나 가족 내에 문제가 있어서 그렇게 된 것이라고 자책을 하면서 자기 자신에게 화를 내기도 한다. 그러나 이 문제가 부모의 잘못이 아니라는 것을 깨달을 때 분노는 좀 더 이성적으로 다루어질 수 있다.

(2) 슬픔

자녀가 ADHD라는 말을 들으면 어느 정도 슬픈 반응을 보이는 것은 자연스러운 일이다. 거의 모든 부모가 자신의 자녀에게 어떤 면에서 장애가 있다는 사실에 직면하면 정상이 아니라는 사실에 슬퍼할 것이다. 다른 아이들은 모두 괜찮은데 자기 아이만 힘든 장애를 가졌다고 생각하면 기운이 빠질 것이다. 대다수의 부모에게 자녀의 문제에 대해 새로운 관점에서 치료 계획을 세우는 것은 슬픔을 줄여주지만 걱정을 완전히 해소하기는 어렵다. 그런 경우에는 ADHD 자녀를 가진 다른 부모들과의 대화를 통해 도움을 받을 수 있다. 서로 비슷한 고통을 겪고 있기 때문에 서로의 마음을 이해해줄 수 있으며 조언도 받을 수 있기 때문이다. 만일 슬픈 감정이 오래 지속된다면 전문가에게 상담을 받는 것이 좋다.

(3) 수용

자녀가 ADHD라는 사실을 알았을 때 가장 바람직한 반응은 이를 수용하는 것이다. 부모는 이 단계에 이르면 어느 정도 마음이 안정되어 자녀의 문제를 제대로 볼 수 있고 어떤 방법이 자녀를 도울 수 있는 최선인지를 알려고 노력함으로써 문제에 더 효과적으로 대처할 수 있다.

ADHD 문제를 해결하는 데는 부모의 도움이 절대적으로 필요하다. 자녀가 ADHD라는 사실을 수용하는 것은, 다른 정상적인 아동처럼 최상으로 수행할 것이라는 기대를 어느 정도는 낮추어야 한다는 것을 의미한다. 자녀가 일정 한계를 지니고 있다는 것을 받아들이지 못하면 부모는 인내하기가 어렵고, 화를 내며, 좌절하곤 한다. 그러면서 자녀에게 감당하기 힘든 압력을 가하게 된다. 그러나 이는 더 나쁜 결과를 가져올 뿐이다.

ADHD 아동의 부모는 다른 부모보다도 더 자녀의 자존감을 북돋아주어야 하며, 자녀가 어느 방면에 재능이 있는지를 찾으려는 노력을 해야 한다. 부모가 자녀의 문제를 진정으로 수용했다면 아이의 한계를 받아들이면서 아이를 위한 최선의 길을 찾을 수 있다. 그렇게 되면 아이의 독특한 강점과 재능을 발견하게 될 것이다.

ADHD인 자녀를 돕는 가장 기초적인 것 중 하나는 이 장애에 대한 최신의 정보를 알아보는 것이다. 이를 위해서는 ADHD에 관한 책을 읽거나 ADHD에 대해 잘 아는 신뢰할 수 있는 전문가에게 자문을 구하는 것이 좋다.

2) 치료 동기와 마음가짐

(1) ADHD에 대한 관점 바꾸기

아이가 주의산만하고 과잉행동을 보일 때 대부분의 부모는 처음에는 좋은 말로 타이르고 달래다가 그것이 효과가 없으면 야단을 치게 된다. 그렇지만 호되게 야단을 맞고도 달라지지 않는 것을 보면 부모는 화가 나게 된다. 이런 일이 반복되면 부모는 아이에게 미운 감정을 갖게 되고 감정적인 처벌을 하게 되는 문제도 생긴다. 어떤 부모는 아이를 내다버리고 싶을 정도라고 말한다. 교사의 경우도 마찬가지다. 산만하고 유별난 아이를 교육하는 것은 매우 힘든 일이어서 많이 야단을 치게 되고 나중에는 지쳐서 포기하기도 한다.

과거에는 ADHD 아동은 단순히 예의가 없고, 도덕적이지 못하며, 성미가 급하고, 못된 아이로 여겨졌다. 심지어 이런 아동은 정상적인 지능 수준에도 불구하고 바보이거나 우둔한 아이라고까지 생각되었다. 그러나 ADHD는 성격이나 지능의 문제가 아니라 다른 질병과 마찬가지로 병이다. 따라서 이런 아동의 문제를 해결하려면 부모나 교사가 이 장애에 대한 인식을 새롭게 하는 데서 출발해야 한다.

먼저, 그것이 병이라는 것을 받아들일 필요가 있다. 아이가 성질이 못돼서 말을 안 듣거나 부모에게 일부러 반항하려고

하는 것이 아니라는 사실을 우선 이해해야 한다. ADHD는 야
단치고 미워할 문제가 아니라, 조기에 발견하고 치료를 해야
할 문제다. 이렇게 아이를 보는 관점을 바꾸고 나서 적극적으
로 치료를 받도록 해야 한다.

(2) 치료에 적극 협조하기

부모가 먼저 변하지 않고는 아이의 변화는 불가능하다. 어
떤 부모는 자신은 아무 문제가 없고 아이에게만 문제가 있으
니 아이만 치료하면 된다고 생각하고, 정작 자신은 아무 노력
도 하지 않으려 한다. 그렇지만 사람을 변화시키려면 변화할
수 있는 환경을 만들어주어야 한다. 그런 환경은 부모와 교사,
치료자가 함께 만들어가야 하는 것이다. 그래서 부모가 치료
에 적극적으로 참여하지 않고 뒷짐만 지고 있으면 치료는 반
드시 실패하게 되어 있다.

부모는 전문적인 치료를 받으면 금방 증상이 나아질 것이
라고 생각한다. 물론 약물치료의 효과는 비교적 빨리 나타나
지만, 그것만으로 아이의 문제가 모두 해결되는 것은 아니다.
부수적인 문제들이 심각하지 않은 초기에 치료를 받을수록 치
료 효과가 빠르고 예후도 좋다. 대개의 경우 치료에 많은 시간
과 노력이 필요하다. 어떤 부모는 한두 달 치료를 받아보고 크
게 호전되지 않는다고 치료를 중도에 포기하기도 한다. 치료

효과는 서서히 나타나는 것이므로 장기적인 목표를 가지고 치료를 받으려는 마음가짐이 필요하다. 부모 스스로가 변하도록 노력하면서 아동이 변화할 수 있는 여건을 조성해주고 참을성 있게 기다려주어야 한다.

3) 중다치료적 접근

ADHD에 대한 연구의 초창기에는 행동치료나 교육 프로그램만으로 ADHD 아동을 치료할 수 있다고 믿었다. 그러나 현재는 ADHD의 생물학적 기반이 점차 밝혀지면서 약물치료를 많이 사용하고 있으며, 약물과 병행하여 아동의 심리사회적인 측면을 같이 다루어줄 때 ADHD 증상이 더 많이 개선되었음이 여러 연구에서 밝혀졌다(Hoza, Kaiser, & Hurt, 2008; Miller & Hinshaw, 2012). 이는 청소년의 경우도 마찬가지다(Sibley, Kuriyan, Evans, Waxmonsky, & Smith, 2014). 특히 주의력결핍과 과잉행동으로 인해 부차적으로 생기는 잘못된 학습 습관이나 충동적인 문제해결방식, 체계적이지 못한 사고방식, 비효율적인 분노 처리, 공격적이고 자기중심적인 대인관계, 야단을 많이 맞아 자기가치감이 없어지는 문제 등은 약물로 해결할 수가 없다. 따라서 약물치료와 함께 아동에 대한 심리치료와 부모 · 교사 교육도 병행하는 것이 효과적이다(김윤희, 서수균, 2011; 박현진, 허자영, 김영화, 송현주, 2011; Montoya, Colom, & Ferrin, 2011).

ADHD 치료의 궁극적 목표는 증상관리와 자기통제력을 갖게 하는 것이다. 이를 위해 자극제 약물, 부모 관리 훈련, 인지행동적·교육적 개입 등을 결합하는 치료가 가장 추천된다. 약물과 행동치료 효과를 3년간 추적한 연구에 의하면, 약물 투여는 ADHD의 핵심증상에 효과적이고, 약물과 행동치료를 결합할 경우 핵심증상에 대한 추가적인 이득은 없었지만 그 외의 긍정적인 기능이 향상되었다(MTA 협력집단, 1999: Mash & Wolfe, 2009/2012에서 재인용). 더 중요한 것은 치료를 계속하면 그 효과가 지속되지만, 만약 치료를 중단하면 효과는 감소하거나 없어졌다는 것이다. 이는 지속적인 치료가 중요하다는 것을 뜻한다.

최선의 치료는 개별 아동의 특성에 따라 달라진다. 예를 들어, 공존 장애가 없는 ADHD 아동이라면 약물치료만으로도 좋은 효과를 볼 수 있다. 반면, 불안이나 반항 증상, 학습장애 등을 동반한 ADHD의 경우 행동치료나 부모교육이 필수적이다. 왜냐하면 약물만으로는 가족, 학업, 또래 상황에 영향을 주지 못하기 때문이다. 이런 경우 약물과 심리사회적 개입의 결합이 가장 이상적이다. 심리사회적 개입 중 보상이나 처벌 등 유관성에 근거한 행동수정과 자기지시 등의 인지적 개입에 근거한 인지행동적 접근이 효과적이다(Miller & Hinshaw, 2012). 경미한 증상만 있을 경우에는 약물 없이 심리치료와 부모교육만 할 수도 있다. 결론적으로 약물과 인지-행동 기법의 결합, 증거에 기반을 둔 치료방법에 융통성을 가미하는 것, 그리고 효과적인 치료의 지속적인 사용이 중요하다(Hoza, Kaiser, & Hurt, 2008).

개인치료와 집단치료 방법이 있으며, 치료기간 동안 아동과 부모에게 여러 가지 심리치료의 원리와 기법을 가르쳐주고 실제 연습을 하게 된다. 집단치료는 주된 증상의 완화보다는 사회적 기술 향상을 위한 목적으로 대개 8~12회기의 아동집단 회기와 부모회기로 구성되고, 개인치료와 병행하는 경우가 많다. 치료 효과는 치료시간에 배운 것을 꾸준히 실천할 때 서서히 나타나기 시작한다. 이 장에서는 부모와 교사가 쉽게 이해하고 실천할 수 있도록 ADHD 아동에 대한 심리치료의 원리와 구체적인 방법들을 간략히 설명하였다.

(1) 심리치료의 기본 원리

ADHD 아동에 대한 심리치료에는 행동치료, 인지치료, 사회적 기술 훈련 등이 포함된다. 행동치료는 아동의 바람직한 행동을 증가시키고 문제행동을 없애거나 줄이기 위해 보상이나 벌을 사용하는 것이다. 이는 칭찬을 받거나 보상을 받는 행동은 더 많이 하게 되고, 벌을 받는 행동은 하지 않게 되는 원리를 이용한 치료방법이다. 보상이나 강화물 그리고 벌을 적절히 조합해서 사용하면 아동의 여러 가지 문제행동을 수정할 수 있다. 궁극적으로는 다른 사람이 주는 보상이나 벌에 의해서가 아니라, 아동 자신이 스스로에게 보상과 벌을 제공하면서 자신의 행동을 더 잘 통제할 수 있게 하는 것이 목적이다. 구체적인 방법은 4절에서 자세히 언급할 것이다.

인지행동치료는 행동치료를 포함하지만 아동의 생각이나 문제해결방식 등을 같이 다루어 행동의 변화를 유도한다. ADHD 아동의 사려 깊지 못하고 충동적인 문제해결방식을 변화시켜 단계적이고 체계적인 사고를 하게끔 가르친다. 이를 위해 '멈추어 생각하기' '4단계나 5단계로 생각하기' 등의 방법을 가르친다. 인지행동치료는 충동적인 행동을 감소시키고 실수를 통제하는 긍정적인 변화를 가져오므로 사회적 기술을 향상시키거나 학습 방략을 가르칠 때 활용된다. 이 방법은 5절에서 자세히 설명할 것이다.

부모와 교사를 위한 교육도 필수적이다. ADHD 아동의 부수적인 행동 문제는 부모나 교사의 양육방식이나 대화방식에서 영향을 많이 받는다. 특히 반항행동이나 공격행동, 자신감이 떨어지는 문제 등이 크게 영향을 받는다. 따라서 아동과의 효과적인 의사소통방식을 배우는 것, 행동수정 방법을 활용하는 것 등이 아동의 여러 가지 행동 문제를 줄이는 데 도움이 된다. 부모와 아동이 좋은 관계를 형성하게 되면 다른 대인관계도 좋아진다. 이 방법은 3, 4, 5절에서 자세히 설명할 것이다.

여러 연구를 종합해보면 부모교육과 학교에서의 개입이 치료에 효과적인데, 특히 행동수정 절차가 유용하다. 즉, ADHD에 대한 부모·교사 교육, 긍정적 행동에 대한 칭찬 전략, 부정적 행동에 대한 반응대가나 타임아웃, 집과 교실 환경의 구조화, 지시나 규칙을 명료화하기, 행동 계획 안내하기, 또래를 튜터로 개입에 참여시키기 등이 효과적이다(Hoza, Kaiser, & Hurt, 2008). 치료 요소별 중요도를 보면 칭찬이 가장 효과적인 치료 요소이고, 물질적 보상과 부모교육도 상당히 효과적이며, 다음으로 타임아웃, 문제해결, 모방학습 등도 비교적 효과적이다(Chorpita & Daleiden, 2009).

(2) 치료 프로그램의 내용

① 평가

아동의 현재 주된 문제가 무엇인지, 얼마나 심각한지, 지적 잠재력이나 학습 상태는 어떤지, 정서 상태나 대인관계 양상이 어떤지, 자기 자신에 대한 생각은 어떤지 등의 다양한 심리 특성을 객관적인 심리검사와 면담을 통해 평가한다. 부모면담을 통해 아동의 문제행동을 구체적으로 평가하고 그 문제에 부모가 대처해온 방식과 그 효과를 평가할 수 있다. 또 학교생활과 학습 습관, 부모나 가족문제에 대해서도 평가한다. 즉, 부모의 성격특성이나 양육방식, 의사소통방식, 형제자매의 특성 등을 평가해서 그 아동에게 가장 적합한 치료 계획을 세우는 기초로 사용한다.

② 아동 치료

아동 치료에는 단계적으로 생각하기, 조직화 및 사회적 기술 훈련 등이 있다. 충동적이지 않게 생각하고 행동하는 방법을 가르치고 이를 실제 생활에 적용하는 것을 연습하기 위해 '4단계로 생각하기'와 '멈추고 생각하기' 방법을 훈련한다. 처음에는 소리 내면서 생각하도록 연습하고, 그것이 습관화되면 마음속으로 생각하기를 훈련한다.

조직화 훈련은 생활계획표나 중요한 행동규칙을 정해서 아동 스스로 생활을 조직화하고 효율적으로 시간을 관리하도록 가르치는 것이다. 즉, 아동 스스로 자기 생활을 통제하고 책임지도록 하는 훈련이다. 계획표를 짜는 방법과 공부규칙, 방 정리하기, 물건 간수하는 규칙, 숙제나 준비물 관리하는 방법 등을 가르친다. 이 방법은 7절에서 자세히 설명할 것이다.

사회적 기술 훈련은 기본적인 대화 기술, 사회생활에서 규칙 따르기, 친구 사귀기 등의 기술을 가르치고 연습시키는 것이다. 또 갈등이 생겼을 때 잘 해결하기, 화가 났을 때 효과적으로 처리하기, 문제가 생겼을 때 다양하고 체계적으로 해결책을 생각하기 등을 교육한다.

③ 효율적인 부모, 교사 역할 및 양육방식 교육

ADHD의 본질에 대한 교육을 통해 부모의 ADHD에 대한 관점을 바꾸고, 부모 자신의 스트레스나 분노 감정을 효과적으로 해결하는 방법과 자녀와의 효과적인 의사소통방식 및 갈등해결 방법을 교육한다. 또한 자녀의 자존감을 높여주고, 학습과 사회적 기술 향상을 위해 적절한 환경을 조성하도록 노력하게 한다. 행동수정기법 교육을 통해 자녀의 문제행동을 줄이고 바람직한 습관을 들이는 구체적인 방법을 훈련시킬 수 있다. ❖

2. 약물치료

ADHD의 가장 일반적인 치료는 약물치료다. 약을 먹으면 아이가 눈에 띄게 차분해졌다는 것을 느낄 수 있다. 이러한 약물들은 중추신경계를 자극하여 파괴적인 행동을 감소시키고 주의력결핍이나 과잉행동을 완화시켜 ADHD 아동의 70~80%에서 효과를 보인다.

주로 암페타민, 메칠페니데이트, 페몰린 등의 중추신경자극제각성제가 사용된다. 이외에 우울증 치료제들도 이차적인 약물로 사용될 수 있다. 틱이나 뚜렛장애가 있는 경우 중추신경자극제가 증상을 악화시킬 수 있으므로 약물 선택에 조심해야 한다(홍강의 등, 2014).

1) 약물의 작용

중추신경자극제는 행동, 인지기능 및 대인관계 수행에서 단기적인 효과가 있다. 약물은 지나친 활동량을 줄여주므로 소란을 피우는 행동이 감소될 수 있다. 또한 지속적 주의력과 단기기억력 등을 향상시켜 학업 성취도에도 영향을 준다. 주의를 기울여 과제를 학습하면 기억을 더 잘할 수 있게 된다. 또한 과제 수행 시 실수가 줄어들어 수행이 좋아진다.

대인관계를 포함한 사회적 행동에도 변화가 나타나는데, 그 이유는 자극제 약물이 부주의나 주의산만 등 대인관계에 안 좋은 영향을 주는 행동을 줄여주기 때문이다. 따라서 부모와 교사 그리고 또래집단과의 사회적 상호작용의 질이 향상된다. 부모와 교사가 아동에게 칭찬을 해줄 기회가 증가해 바람직한 반응이 증가할 수도 있다. 지나친 활동과 충동성이 줄어들면서 다른 아이들과의 다툼도 줄어들게 된다. 이에 따라 새로운 친구를 사귀는 등 또래와의 관계도 개선되어 전체적인 사회적응능력이 향상된다.

아동마다 약물에 약간씩 다르게 반응하며, 또한 약물마다 다르게 작용할 수 있다. 따라서 효과가 나타나는 경우도 있지만 때로 부작용을 보이기도 한다.

2) 약물의 부작용

약물을 복용할 때 약간의 부작용이 나타날 수 있다. 가장 흔하게 나타나는 것은 식욕부진, 수면장애, 두통, 복통, 오심, 감정 변화, 과민성, 잘 우는 것, 빈맥, 혈압 변화 등이지만 심혈관계 작용을 제외한 나머지는 대개 수주 내에 감소한다(홍강의 등, 2014). 부작용이 심한 경우 약을 끊으면 24시간 이내에 체외로 배출되므로 크게 걱정하지 않아도 된다. 부작용의 대부분은 아동이 복용하는 약물의 용량과 밀접하게 관련되며, 더 많이 복용할수록 더 많은 부작용이 생길 수 있다. 따라서 부작용이 나타나면 용량을 줄이거나 2~3주 기다려본다. 흔히 보일 수 있는 약물의 부작용과 그 대처 방법은 다음과 같다.

(1) 식욕감퇴와 성장지연

모든 자극제 약물은 아동의 식욕을 어느 정도 감소시키는 것으로 보인다. 주로 아침에 약을 복용하고 나서 점심을 잘 먹지 않는 경우가 생긴다. 이는 약물 복용의 초기에 나타날 수 있지만, 부모가 영양공급에 신경을 쓰면 해결될 수 있는 문제다. 약물치료 중인 아동에게 성장을 위해 매일 충분한 양의 칼로리를 공급해주어야 한다. 약을 먹지 않는 저녁시간에는 식욕이 정상 수준으로 회복되기 때문에 그 시간에 부족한 영양분을 보충하도록 신경을 쓰고, 주말이나 방학 때는 투약을 중지할 수도 있다. 장기간 복용하는 경우에는 정기적으로 키와 체중을 점검하는 것이 좋다.

(2) 불면증

낮에 약물을 복용한 아동이 밤에 잠들기 어려울 수 있다. 대부분의 아동은 약을 먹으면 평상시 잠드는 시간보다도 1시간쯤 더 늦게 잠이 든다. 따라서 주로 오전에 복용하게 하는 것이 도움이 되고 심각한 경우 의사와 상의해야 한다.

(3) 틱과 뚜렛장애

약물 복용의 부작용 중 하나는 얼굴 주위나 신체의 다른 부위에서 갑작스러운 근육경련을 보이는 틱이다. 틱은 얼굴을 씰룩거리거나 눈을 계속 깜박거리는 등의 증상을 말한다. 틱이 있는 ADHD 아동이 약물치료를 받으면 일부에서 틱이 더 악화될 수 있다. 일부 아동에게는 뚜렛 증후군 '킁킁' 등의 소리를 내는 것과 여러 가지 운동 틱이 결합되어 나타나는 증상이 나타난다. 따라서 아동이 과거에 틱이 있었거나 현재 틱을 보인다면, 약물치료를 결정하기 전에 미리 전문의와 상의하는 것이 좋다. 틱이 심한 경우 약물을 중지하면 며칠 내로 원래의 수준으로 돌아간다.

(4) 일시적인 정신병 증상

약물로 인해 기존의 정신병 증상이 악화되거나 정신분열 증상이 나타나 이상한 말을 하고 상황에 부적절한 행동을 하는 등의 문제를 보일 수가 있다. 그러나 그런 반응은 드물게 발생하며, 약물 복용을 중단하면 사라진다.

(5) 내성

부모는 종종 이 약물을 복용하는 자녀가 약물에 내성이 생기는 것은 아닌지, 내성이 생기면 복용량을 점점 더 늘려야 하는 게 아닌지 걱정한다. 내성은 드물지만, 만약 일어난다 해도 천천히 진전된다. 그런 경우 다른 약물로 대체하는 것이 좋다(홍강의 등, 2014).

3) 약물치료에 대해 고려할 점

(1) 약물의 사용 결정

ADHD 아동에게 약물 사용을 결정할 때 많은 요인을 고려해야 한다. 자극제 약물은 정신과에서 아동에게 가장 흔하게 사용하는 약물이다. 특히 아동이 심하게 부주의하고 과잉행동을 보이거나 충동적이어서 학교와 사회에서 적응하기가 어려운 경우에 많이 사용된다. 약물 사용에 대한 두려움 때문에 치료를 미루어 심각한 문제를 일으키지 않도록 적절한 시기에 약물치료를 시작하는 것이 좋다.

약물 사용의 가장 유용한 효과는 아동에게서 부주의와 충동성을 낮춘다는 것이다. 이런 증상이 심각한 아동일수록 약물치료의 효과가 좋다. 약물치료를 받으면서 아동이 행동의 변화를 보일 때 부모가 이를 잘 감지하고 칭찬해주면 더 큰 효과를 볼 수 있다. 또한 부모는 자녀의 약물치료가 실패했거나 중단되어야 할 때 이를 재빨리 인식할 수 있도록 약물에 대한 자녀의 반응을 항상 주의 깊게 살펴야 한다.

사소한 걱정을 많이 하는 아동이나 불안하거나 우울한 아동의 경우 약물치료의 효과가 크지 않다. 그런 경우에는 약물 이외의 심리사회적 치료방법에 대해 먼저 고려하는 것이 좋다. 즉, 부모교육이나 환경 개선 등을 우선적으로 실시해본다. 또한 나이가 든 아동이나 청소년의 경우 약물 사용에 대해 같이 논의하고 선택권을 주는 것도 고려해야 한다.

(2) 약물의 중단 결정

약물치료는 사용이 불필요해지거나 부작용이 심할 때 중단한다. 증상이 일부 남아있더라도 많이 개선되어서 더 이상 약물치료가 필요 없을 수도 있다. 어떤 아동은 약물치료를 해도 ADHD의 주요 증상들이 지속적으로 나타날 수 있지만, 학년이 올라감에 따라 어느 정도 자기 행동을 통제할 수 있게 되므로 약물을 중단할 수 있다.

대부분의 아동은 최소 6개월에서 몇 년 동안 약물치료를 계속하는데, 아동의 상태를 평가하기 위해 일시적으로 약물을 중단해볼 수 있다. 대개는 새 학년 초기에 이러한 시도가 이루어진다. 아동에게 새로운 학년에 익숙해질 시간을 주고 교사가 그 아동에 대해 잘 알 수 있도록 하기 위해, 새로운 학년이 시작한 후 4~6주 정도 약물을 중단하고 재평가할 수 있다. 이처럼 짧게 약물을 중지해보고, 아동이 학교생활과 학업에서 수행능력이 나빠지면 학기 중에 약물치료를 계속하는 것이 좋다.

(3) 약물 사용에 대한 논란

약효는 약을 복용하고 있을 때만 일시적으로 나타나는 것이지 병을 고치는 것이 아니라는 문제가 있다. 청소년 ADHD의 경우 주요 증상의 감소에는 약물이 더 효과적이지만 학업이나 사회적 기능에는 심리사회적 개입이 더 효과적이다(Sibley, Kuriyan, Evans, Waxmonsky, & Smith, 2014). 또한 심리사회적 치료와 약물을 결합할 때 어느 것을 먼저 사용해야 하는지, 또 약물을 얼마나 오래 사용해야 가장 좋은지에 대해 현재로서는 결론을 내리기 어렵다(Miller & Hinshaw, 2012).

따라서 필요할 때 약물을 사용해야 하지만 장기적으로는 약물에 의존하기보다 자기통제력을 향상시키려는 노력을 하는 것이 중요하다.

약물 사용에 있어서 상업적인 목적이 개입되는 것은 아닌지에 대해서도 논란이 있다. 미국에서 ADHD 치료를 위해 자극제 사용이 기하급수적으로 증가하고 있으므로 이 장애가 과잉 진단되는 것은 아닌지, 자극제가 과잉 처방되는 것은 아닌지에 대해 의심해보아야 한다(Eisenberg, 2007: Mash & Wolfe, 2009/2012에서 재인용). ❖

3. 부모·교사 교육

ADHD 아동의 부모교육에는 스트레스 관리, 아동과 좋은 관계 맺기, 자존감 키워주기, 주변 환경 개선하기, 효과적인 의사소통방식, 갈등해결 및 화와 분노 관리하기 등이 포함된다. 꾸준한 연습을 통해 부모 자신의 정신건강을 향상시킬 수 있을 뿐 아니라 자녀의 문제행동도 감소시킬 수 있다.

1) 스트레스에 효과적으로 대처하기

ADHD 아동을 둔 부모는 아이의 양육이 너무 힘들다고 느낀다. 달래도 보고, 야단도 치고 심하게 혼도 내보지만 아이의 문제는 해결되지 않아 부모는 무기력감을 느끼게 되고, 아이를 어떻게 가르쳐야 할지 도무지 판단이 서지 않는다. 그래서 부모가 우울증이나 불안 등의 심리적인 문제를 갖게 되기도 한다.

ADHD 아동의 부모는 아이 때문에 너무 걱정하고 아이 문제에만 사로잡혀 지내는 경우가 많다. 아이의 문제가 해결되지 않는 한 가족 모두 불행하다고 느끼면서 앞으로 닥쳐올 최악의 사태를 미리 생각하기도 한다. 그러면 마음이 더욱 조급해져서 아이를 대할 때 여유가 없어져 더 많이 야단치고 계속 지적하게 된다. 그럴수록 아이의 문제는 더 악화하고, 부모는 점점 더 무력감과 분노를 느끼게 된다.

따라서 부모는 아이의 문제에 약간의 거리를 유지할 필요가 있다. 부모가 스트레스를 많이 받을수록 아이에게도 심리적인 부담을 많이 주게 되고, 자신도 모르게 화를 벌컥 내는 일도 많아진다. 이는 아이의 문제를 해결하는 데 악영향을 줄 뿐이다. 따라서 매사를 아이하고만 관련지어서 생각하지 말고, 부모 자신의 생활을 가지는 것이 좋다. 아이 문제에도 관심을 기울여야 하지만, 정기적으로 부모 자신의 즐거움과 정신건강을 추구하도록 노력해야 한다. 부모의 생활이 즐거워야 아이에게도 긍정적인 태도를 취할 수 있다.

(1) ADHD에 대한 관점 바꾸기

ADHD 자녀를 다루는 데 반복적으로 어려움을 경험하게 되면, 부모는 아동의 문제를 보는 올바른 관점을 상실할 수가 있다. 처음에 몇 번 시도해보고 잘 안 되면 화를 내고 당황하거나 좌절한다. 이럴 때 부모들은 "다른 아이들은 잘하는데 너는 왜 이러냐?"고 자녀와 논쟁하고 비난한다. 그러나 아이는 아직 발달이 덜 된 존재이고 부모는 성인이라는 것을 명심해야 한다. 부모는 아동의 선생님이자 코치가 되어야 한다.

ADHD 아동에 대한 부모의 태도를 바꾸는 데서부터 치료가 시작된다. 이미 앞에서 치료에 임하는 부모의 마음가짐을 언급하였다. ADHD 자녀와 서로 감정이 많이 상해있는 부모는 아이에 대해 미운 감정과 무력감을 많이 느꼈을 것이다. 그러나 이 장애에 대한 지식을 갖게 되면 아이를 미워하거나 야단칠 문제가 아니라 고쳐주어야 할 병이라는 것을 깨닫게 된다.

이제 자녀의 문제를 못된 성품이나 개인적인 문제로 보지 말자. 그리고 상황이 잘못되거나 부모가 원하는 방향으로 변화하지 않더라도 자신이 나쁜 부모라고 결론을 내려서도 안 된다. 부모가 이런 상황에서 냉정함을 잃지 않는 하나의 방법은, 자녀의 문제로부터 떨어져서 어느 정도 심리적 거리를 유지하는 것이다. 자신과 아이가 타인이라고 상상하면 보다 객관적인 관점을 유지하면서 감정적으로 반응하는 것을 피할 수 있다. 그리고 효과가 검증된 방법을 꾸준히 적용하는 데 에너지를 집중시킬 수 있다.

(2) 인내심을 갖고 용서하는 연습하기

용서는 ADHD 아동의 교육뿐 아니라 부모의 스트레스 관리에도 도움이 된다. 그러나 일관되게 이행하기가 어려워 용서하기를 연습하는 것이 필요하다.

매일 잠자리에 들기 전에 잠깐 동안 그날 일을 정리하고 자녀의 행동에 대해 용서를 하는 것이 좋다. 자녀의 잘못된 행동이나 파괴적인 행동으로 인해 그날 느꼈던 분노, 회한, 낙심 혹은 그 밖의 도움이 안 되는 정서는 떨쳐버려라. 그것은 자녀가 나쁜 행동에 대해 책임을 지지 않아도 된다는 의미가 아니라, 그것들로 인한 부모의 고통을 떨쳐내는 것을 의미한다. ADHD 아동이 자신의 행동을 항상 효과적으로 통제할 수는 없다. 자녀교육에는 많은 시간과 노력이 필요하다는 것을 받아들이고 부모가 인내심을 가져야 한다.

또한 그날 하루 동안 ADHD 자녀를 대하는 데 있어서 부모 자신의 실수를 확인하고 스스로를 용서하는 것을 배워야 한다. 물론 부모도 완벽할 수는 없으므로 반성은 필요하지만 자기비난이나 수치심, 죄책감, 자신에 대한 분노 등은 털어버려야 한다. 대신 하루 동안 부모로서의 수행을 솔직하게 평가하여 개선할 부분을 확인하고 내일 당장 그것을 어떻게 시행할지 계획을 세우는 것이 좋다.

(3) 기존의 부모 대처방식 평가하기

ADHD 아동은 여러 상황에서 적절하지 못한 행동을 많이 보인다. 공공장소에서 떠들거나 뛰어다니고, 남을 전혀 배려하지 않는 행동도 보이며, 숙제를 하라고 하면 못 들은 척하거나 나중에 하겠다고 딴짓만 하는 경우도 많다. 아이의 이런 행동에 대해 대부분의 부모가 대처하는 방식은, 처음에는 좋은 말로 달래다가 먹히지 않으면 소리를 지르거나 화를 내고, 그래도 안 되면 벌을 주거나 매를 들 것이다. 어떤 부모는 일관성 있게 계속 처벌을 하는가 하면, 어떤 부모는 처벌할 때도 있고 내버려둘 때도 있다. 때로는 어떤 방법도 소용이 없다는 것을 알고 포기하기도 한다.

부모가 사용하는 대처방식이 어떠한지, 효과가 있는지 여부를 평가하는 것이 필요하다. 다음의 '부모의 대처방식 평가'의 질문에 답해보고 만약 그동안의 부모 대처방식이 효과적이지 않았다면, 먼저 자녀와 좋은 관계 맺기와 자존감 높여주기, 환경 개선하기, 효과적인 의사소통하기, 갈등해결, 분노관리방법 등을 활용하고, 그다음으로 행동수정 절차를 사용해 문제행동을 감소시키는 것이 좋다.

부모의 대처방식 평가

1. 아래의 다양한 상황 중 어떤 상황에서 특히 문제가 있는가?

- 혼자서 놀 때
- 다른 아동과 함께 놀 때
- 식사시간에
- TV를 보는 동안
- 집에 손님이 계실 때
- 남의 집을 방문했을 때
- 공공장소에서
- 숙제를 시켰을 때
- 심부름을 시켰을 때
- 부모와 자녀의 상호작용 시
- 학교에서

2. 그 상황에서 아이가 어떤 행동을 하는가?
3. 얼마나 자주 그런 행동을 하는가?
4. 그런 행동이 얼마나 심각한가?
5. 아이의 행동에 부모가 어떻게 반응하는가?
6. 부모의 반응에 대해 아이가 어떻게 반응하는가?
7. 아이가 부모의 말을 계속 따르지 않을 때 부모가 어떻게 하는가?
8. 부모와 아이의 그런 상호작용 후의 결과는 어떤가?

2) 자녀와 좋은 관계 맺기

자신이 좋아하는 사람의 말은 팥으로 메주를 쑨다고 해도 믿고 따르지만, 싫어하는 사람의 말은 아무리 옳은 말이라도 들으려고 하지 않는다. 만약 부모의 말을 잘 안 듣는 아이에게 부모의 말을 잘 듣게 만들고 싶다면, 가장 먼저 해야 할 일은 좋은 관계를 맺는 것이다. 이미 부모와 아이의 관계가 나빠져 있고 서로 불신하는 경우라도, 지금부터 관계를 재확립하도록 노력하면 된다.

(1) 긍정적으로 관심을 기울이는 법 익히기

아동에게 주는 관심은 그 자체가 강력한 보상이다. 인간은 누구나 다른 사람들로부터 관심과 사랑을 받고 싶은 욕구를 갖고 있기 때문이다. 가장 무서운 것은 무관심이다. 한편, 질책이나 비판, 고함 같은 부정적 관심은 무관심보다는 낫지만 부작용도 많다. 가령, 엄마의 전화통화를 방해해서 혼이 난 아동은 당장은 멈추어 명령에 복종할지 모르지만 적개심이 쌓일 수 있고, 그러면 나중에 엄마를 더 괴롭힌다.

긍정적인 관심과 격려는 사람을 변화시키는 데 가장 좋은 약이다. 아동에게 관심을 갖고 칭찬하라고 해서 아동이 무슨 짓을 하든 그렇게 하라는 뜻은 아니다. 만약 아이가 어떤 나쁜 짓을 해도 오냐오냐 하면서 키운다면, 그 아이는 자제력이나 사회규범을 전혀 배우지 못할 것이다. 관심과 칭찬은 아무 때나 주는 것이 아니라 아동이 바람직한 행동을 했을 때, 그리고 나쁜 행동을 하지 않았을 때 주어야 한다.

어떤 부모는 칭찬해주려고 해도 아이가 칭찬받을 만한 행동을 하지 않는다고 불평한다. 그러나 아무리 문제가 많은 아이라도 잘하는 것이 있게 마련이다. 그것을 당연하게 여기지 말고 적극적으로 찾아내서 보상을 해주는 것이 좋다. 때로 부모는 긍정적인 관심을 잘못된 방식으로 주기도 한다. 즉, 칭찬을 하고 나서 바로 비판을 하는 경우다. "네 방을 치우다니 참 좋은 일을 했구나. 그런데 왜 내가 얘기하기 전에 매일 그렇게 하지 못하는 거니?" 이러한 말은 자녀의 긍정적인 행동에 대한 관심의 효과를 크게 줄이는 것이 된다. 아동에게 관심을 주어야 할 때와 그것을 억제해야 할 때를 구별하자. 그리고 아이에게 어떻게 관심을 주어야 하는지를 배우고 연습해야 한다.

〈관심주기의 좋은 예와 나쁜 예 구별 연습〉

먼저, 종이 한 장을 두 칸으로 나누어서 왼쪽에 "당신과 가장 사이가 안 좋았던 선생님이나 윗사람"을 적고, 오른쪽에 "가장 사이가 좋았던 선생님이나 윗사람"을 회상해서 적어보자. 그러고 나서 피할 수만 있다면 다시는 만나고 싶지 않은 사람의 대인관계 스타일이나 상호작용 스타일이 무엇인지를 생각해보라. 그 사람이 당신에게 어떻게 대했는가? 왼쪽 칸에 그 사람의 부정적인 특성을 5가지 이상 나열한다. 예를 들어, "그 사람은 내 의견을 들으려고도 하지 않아" "너무 권위적으로 굴고 남에게 군림하려고 해" "양해도 구하지 않고 내 일을 방해해" "다른 사람들에게 너무 비판적이야" "내가 자기 노예인 줄 알아" 등이 있을 것이다.

다음으로 당신이 만났던 사람들 중에서 가장 좋았던 사람을 생각해보라. 이 사람은 당신이 즐겁게 만나거나 같이 일하고 싶은 사람이다. 그 사람이 당신에게 약간의 과외의 일을 부탁한다 해도 당신은 기꺼이 도와줄 것이다. 왜 그럴까? 오른쪽 칸에 그 사람의 긍정적인 특징을 기록해보라. 예를 들면, "그 사람은 정직하고 믿을 수 있어" "내가 한 일에 고마움을 표시할 줄 알지" "나에게 관심을 갖고 내 의견에 귀기울여준다" "내가 노력하는 것을 격려해준다" "긍정적이고 낙관적이야" 등이 있을 것이다.

이제 두 칸에 기록되어 있는 특성들을 비교해보고 아동이 당신에게 무엇을 원할지를 정직하게 판단해본다. 당신이 다른 사람들에게 느꼈던 것처럼, 당신이 자녀를 대하는 방식도 자녀에게서 똑같은 감정을 불러일으킬 수 있다.

(2) 자녀의 놀이에 가담하기

하던 일을 중지하고 자녀의 놀이에 가담해보자. 부모가 동심으로 돌아가서 자녀와 같이 노는 것만큼 관계를 좋게 만드는 것도 없다. 다만 어떻게 놀 것인지는 신경을 써야 한다. 만일 아동이 아홉 살 미만이라면 아동과 함께 매일 20분 정도의 '특별한 시간'을 가져보자. 아동이 아홉 살 이상이면 그런 표준시간을 정해둘 필요는 없지만, 대신 아동이 혼자 노는 시간에 부모가 같이 노는 것이 좋다.

놀이를 하는 동안 아동의 바람직한 행동에 관심을 두는 방법을 배워보자. 일정한 시간을 정해두었다면 "이제 우리가 함께 노는 시간이야. 무엇을 하고 싶니?"라고 말하고 아동이 하고 싶어 하는 놀이를 선택하게 한다. 일정한 시간을 정해두지 않았다면 지금 부모와 같이 놀고 싶은지를 물어보면 된다. 특별놀이 시간은 첫째 주에는 매일 혹은 적어도 일주일에 다섯 번 정도가 좋다. 첫 주가 지나면 일주일에 세 번 내지 네 번 정도 계속한다.

같이 놀기 전에 몇 분 동안 아동의 행동을 편안하게 별생각 없이 지켜보라. 부모가 마음이 불안정하거나 아주 바쁠 때는 이런 놀이시간을 갖지 않는 것이 좋다. 그런 경우에는 그 일에 마음을 빼앗겨서 주의력이 떨어지고 자녀에게 충분히 관심을 주지 못하기 때문이다.

특별놀이 시간은 아동의 긴장을 풀고 즐겁게 해주기 위한 것이지 아동에게 놀이를 가르치고 간섭하는 시간이 아니라는 것을 명심하자. 아동에게 질문이나 명령을 해서도 안 된다. 아동의 놀이를 잠시 지켜본 후 아동이 흥미 있어 하는 것에 대해

대화를 나눈다. 이때 지루하거나 단조로운 말투보다는 적극적
이고 활력 있게 말하는 것이 좋다. 어린 아동일수록 활달한 말
투를 아주 좋아한다.

　같이 놀이를 하면서 가끔 아동에게 격려와 칭찬, 인정하는
말을 해준다. 그렇다고 지나치게 추켜세우지 말고 아동이 한
구체적인 일에 대해 정확하고 정직하게 칭찬하는 것이 좋다.
"우리가 이렇게 같이 노니까 정말 즐겁다" 혹은 "네가 레고 집
을 아주 정성스럽게 만드는구나"와 같은 말은 모두 긍정적이
고 적절한 말이다. 그렇지만 "너는 남들보다 뭐든지 잘해" "넌
틀림없이 일등을 할 거야" "너는 잘생기고 머리도 좋고 성격
도 최고야"와 같은 애매모호한 칭찬은 피해야 한다. 다음의
행동이나 말들을 잘 익혀서 자주 사용하면 좋다(Bloomquist,
1996/2000).

　〈아동을 인정해주는 비언어적 표현〉
- 꼭 껴안아준다.
- 머리나 어깨를 가볍게 토닥거린다.
- 머리를 사랑스럽게 쓰다듬는다.
- 어깨에 팔을 두른다.
- 다정하게 웃는다.
- 가볍게 뽀뽀해준다.

• 엄지손가락을 치켜세워 최고라는 표시를 한다.
• 윙크를 한다.

〈아동을 인정해주는 언어적 표현〉
• 네가 ～하니까 참 좋다.
• 네가 ～한 것은 참 잘한 일이다.
• 대단한 걸 해냈구나.
• 와! 훌륭해.
• 환상적이야.
• 6개월 전에 비해 많이 좋아졌네.
• 정말 빨리 자라고 있구나!
• 아빠엄마한테 네가 얼마나 잘했는지 말해야겠다.
• 네 스스로 그걸 다 했구나.
• 네가 ～하니까 참 자랑스럽다대견하다.
• 네가 이렇게 ～할 때면 엄마는 너무 기뻐.

아동이 파괴적이거나 나쁜 행동을 하기 시작하면 잠시 외면하고 다른 곳을 쳐다보면서 관심을 주지 않도록 해야 한다. 그래도 잘못된 행동이 계속되면 아동에게 잘못된 행동에 대해 짧게 지적하고 나중에 아동이 잘 행동할 수 있을 때 같이 놀자고 말해준다. 그 이상의 야단이나 처벌은 일단 미루어둔다.

아동과 함께하는 이런 놀이가 잘 진행되면 아동 스스로 부모와 함께하는 것을 즐기게 될 것이다. 어떤 경우에는 아동이 부모의 잘한 일에 대해 칭찬을 하기도 한다. 부모가 놀이에 대해서 통제하거나 지시하지 않고 불필요한 질문을 많이 하지 않으면서 아동의 활동을 관찰하고 함께 놀 수 있을 때 다음 단계로 넘어갈 준비가 된 것이다. 그리고 아동과 노는 동안 잘한 일을 칭찬해주는 것이 자연스럽고 쉽게 된다면, 아동의 문제행동을 개선할 기본 토대가 마련된 것이다.

3) 자녀의 자존감 키워주기

자존감이란 자기 자신을 가치 있고 긍정적으로 보는 태도를 말한다. 자존감은 자기가치감이나 자긍심을 느끼는 것으로 살아가는 데 힘을 주는 버팀목 같은 것이다. 자존감이 높은 사람은 가치 있게 행동하려고 노력하지만 자존감이 낮은 사람은 어차피 자신은 별 볼 일 없는 사람이라고 생각하기 때문에 노력도 하지 않고 쉽게 포기하고 아무렇게나 행동하게 된다. 이런 사람들은 참을성도 없고 무책임하다.

자존감은 어려서부터 조금씩 형성된다. 유아기 때는 주로 주변 사람으로부터 사랑받으면서 자기가 가치 있다고 느끼게 되며, 좀 더 자라면서부터는 주변 사람의 인정뿐 아니라 자신이 노력하여 성취하는 것을 통해서도 높아진다. 학령기의 아동은 외모, 학교 성적이나 운동 능력, 친구들에게 인기 있는 것, 교내활동에 관여하는 정도와 자존감이 관련된다. 그런데 주변 사람의 인정을 받지 못하고 야단을 많이 맞거나, 공부를 잘 못하거나, 학교생활에 적응하지 못하면 자존감이 낮아진다.

ADHD 아동은 행동 특성상 야단을 많이 맞고 공부에서도 실수를 많이 하는 등의 문제를 계속 나타내기 때문에 자존감이 낮아지기 쉽다. 그래서 그런 기간이 오래되면 자신감이 떨어져서 할 수 있는 일도 안 하려고 해 능력을 발휘하지 못하게 된다. 또 자존감이 낮은 청소년은 범죄, 약물남용, 성적 문란, 가출 등의 문제행동도 많이 보인다. 이처럼 자존감은 한 개인이 자신의 잠재력을 발휘하는 것이나 행복한 삶을 사는 것과 직결되는 아주 중요한 문제다.

자존감이 낮은 아동은 다음과 같은 특징을 보인다.

• 일이 잘못되면 무조건 다른 사람 탓으로 돌린다.

자존감이 높은 아동은 자신의 잘못을 인정하고 그것을 고치려고 노력한다. 그렇지만 자존감이 낮은 아동은 자신의 잘못을 인정하는 것은 다른 사람들로부터 비난받을 일이며 자존감을 더 낮추는 것이라고 생각하기 때문에 이를 받아들이지 못하고 문제의 원인을 남에게 돌린다. 자신이 잘못해서 친구와 싸운 경우에도 자기는 약간만 건드렸는데 친구가 먼저 싸움을 걸었다고 생각하는 것이다. 그래서 사소한 일에도 쉽게 화를 내거나 상대방을 비난한다.

• 열등감이 높다.

자존감이 낮은 아동은 스스로를 '몹쓸 놈' '구제불능' '말썽꾸러기'라고 생각한다. 다른 사람들로부터 야단을 많이 맞다 보니 스스로도 자신을 무가치하게 느끼게 된 것이다. 그래서 잘하는 행동도 점차 잘 못하게 되고, 잘하던 과목에 대해서도 흥미를 잃어버리게 된다.

• 욕구 좌절을 참지 못하고 인내력이 부족하다.

자존감이 낮은 아동은 이미 자신은 뭐든지 제대로 할 수 없다는 인식이 심어져 있어서 노력해도 소용없을 것이라고 자포자기하게 된다. 이런 경우에는 어떤 어려움도 이겨내기 힘들다. 대부분의 성취는 장기적인 목표를 위해 현재의 욕구를 참는 데서 오는 것이다. 놀고 싶은 욕구를 참으면서 숙제를 하는 것이 여기에 해당된다. 그런데 자존감이 낮은 아동은 하기 싫은 숙제를 계속 미루고 당장 놀고 싶은 욕구를 충족시키려 한다. 또 당장 갖고 싶은 것을 참지 못하고 떼를 쓰기도 한다.

ADHD 아동의 낮아진 자존감을 다시 높여주기 위해서는 주변 사람들의 노력이 필요하다. 먼저, 기본적으로 부모가 아동에 대해 긍정적인 태도를 가져야 한다. 즉, 아동을 이해하려고 노력하고, 있는 그대로 받아들이며, 아동을 부모의 기대나 틀에 맞추려고 하지 말아야 한다.

부모가 할 수 있는 최선은 아동이 가진 잠재력을 충분히 발휘할 수 있도록 도와주는 것이다. 이를 위해 아동의 감정과 생각을 존중해주어야 한다. 많은 부모가 부모의 생각이 더 옳기 때문에 아이는 부모의 생각을 따라야 한다고 생각한다. 그러나 아동이 항상 부모의 생각이나 명령에만 따른다면 그 아동은 자신의 생각이나 소신이 생길 수 없어 결국은 부모의 꼭두각시 인형이 될 수밖에 없다. 부모의 생각을 강요하기 전에 먼저 아동의 의견이나 감정을 존중해주어야 한다. 이렇게 아동을 지지해주고 격려해주는 것이 아동의 자존감을 높여준다.

또 아동이 어떤 일을 잘했을 때는 이를 당연하게 받아들이지 말고 아이의 노력에 찬사를 보내야 한다. 많은 부모가 잘하는 것은 무시하더라도 잘못한 것은 야단을 쳐서 고쳐주는 것이 좋은 교육이라고 생각하는 것 같다. 그렇지만 그렇게 되면 아이는 항상 부정적인 평가만 받게 되기 때문에 기가 죽는다. 따라서 부모나 교사는 야단을 치기 전에 아동의 자존감을 미리 고려해야 한다. 아동을 인정하고 칭찬을 많이 해줌으로써 기를 살려주자. 그러면 의욕이 생겨서 더 열심히 하게 된다. 그 외에도 자존감을 높이는 데 도움이 되는 다양한 방법은 다음과 같다.

 아동의 자존감을 높여주는 방법

1. 지시하거나 훈육하기 전에 먼저 좋은 관계를 형성한다. 아동에게 어떤 것을 가르치려고 하기 전에 자주 함께 시간을 보내고 놀아주는 것이 좋다.
2. 아동에게 애정을 보여준다. 긍정적인 언어 표현, 밝은 표정 같은 비언어적 표현, 적극적으로 얘기를 들어주기, 신체 접촉 등을 통해서 아동으로 하여금 자신이 소중한 존재라는 사실을 느끼게 도와준다.
3. 아동에게 완벽을 요구하지 말자. 자녀를 부모가 원하는 사람으로 만들려는 욕심을 버려야 한다. 아무리 열심히 해도 끝없이 요구받는다면 지치고 질리게 되는 것이 당연하다. 아동이 어느 정도 노력하면 도달할 수 있는 목표를 세우고, 그것을 성취하면 인정해주는 것이 자존감을 높인다.
4. 아동의 장점을 찾고, 장점에 초점을 맞춘다. 누구나 최소한 한 가지는 잘하는 것이 있다. 아동이 잘못하는 것만 지적하지 말고, 아동 스스로가 유능한 영역을 찾을 수 있도록 격려한다. 공부에 국한하지 말고 운동이나 착한 행동도 인정해준다.

5. 80-20의 규칙을 실천한다. 20%의 잘못된 행동을 야단치기보다 80%의 잘하는 행동을 무시하지 말고 칭찬해주는 것이 자존감을 높인다.

6. 칭찬과 처벌의 균형을 맞춘다. 한 번 야단치기 전에 다섯 번 칭찬하는 것이 좋다. 계속 야단을 맞는 아동은 잘못을 인정하기보다는 적개심만 쌓게 된다. 잘하는 행동을 많이 칭찬하면 아동은 마음에 여유가 생겨 잘못을 지적받았을 때 그것을 인정하기 쉬워진다.

7. 아동을 모욕하는 말이나 폭력은 삼간다. 부모가 먼저 자신의 감정이나 분노를 조절할 수 있어야 하고, 화가 났을 때는 감정을 솔직하게 표현할 수 있어야 한다. 또 억양이나 표정 등의 비언어적인 측면에도 신경을 써야 한다.

8. 아동을 형제나 다른 아동과 비교하지 말자. 아동의 부족한 점을 다른 사람과 비교하는 것은 기를 죽이고 의욕을 떨어뜨린다. 모든 사람은 동일할 수 없으므로 다른 사람과 비교하기보다는 스스로 최선을 다하도록 격려하는 것이 바람직하다.

9. 자기 스스로 생각, 감정, 행동의 소유자가 되도록 가르친다. 아동이 자신의 인생에서 주인이 되어 자신의 일은 스스로 하고 그 일에 책임을 질 수 있게 도와야 한다. 이는 어려서부터 조금씩 자기 일을 자율적으로 하게 함으로써 가능하다.

10. 아동을 대신해서 결정을 내려주기보다는 아동 스스로 옳은 결정에 이르도록 도와준다. 당장은 부모가 결정을 내려주는 것이 편리하고 실수도 줄이겠지만, 어려운 일을 스스로 해낼 수 있는 능력을 키워주어야 자존감도 높아진다. 이를 위해 다양하게 생각하고 결과를 미리 생각해보는 것을

가르친다.

11. 실수를 비난하기보다는 다음에 똑같은 실수를 하지 않도록 가르친다. 비난과 교육을 구별해야 한다. 잘못했을 때 비난 하는 것은 자존감의 최대의 적이다. 잘못은 누구나 저지르는 것이므로, 교육적인 지적을 통해 실수로부터 더 많은 것을 배우게 해야 한다.

12. 아동이 스스로에게 긍정적인 메시지를 보내도록 돕는다. 아동은 다른 사람들로부터의 인정과 사랑도 필요하지만, 자기 스스로의 인정도 필요하다. 아동이 잘했을 때 스스로에게 칭찬해주는 것을 가르치자. "내가 해냈어" "난 할 수 있어."

13. 아동이 "나는 못해" 같은 부정적인 자기 메시지를 갖지 않도록 돕는다. 어떤 일을 해보기도 전에 포기하지 않도록 도와주는 것이 필요하다. "어렵겠지만 열심히 하면 잘할 수 있을 거야"라고 용기를 주고, 완벽하지 못해도 조그만 성취라도 있다면 칭찬해준다.

4) 주변환경 개선하기

(1) 차분하고 단순하게 주변환경을 만들어주자

ADHD 아동은 사소한 외부자극에 의해서도 쉽게 주의가 산만해지기 때문에 주변 환경을 차분하고 단순하게 만들어주는 것이 좋다. 우선 집 안에는 많은 물건을 복잡하게 늘어놓지 말고 깔끔한 분위기를 만들어주고, 벽지나 커튼도 요란한 무녀나 색깔은 피하는 것이 좋다. 또 지나치게 많은 사람이 들락거리지 않도록 하고, TV나 라디오를 습관적으로 크게 틀어놓지 않도록 조심한다. 특히 자녀의 방에 신경을 써서 공부하는 공간과 노는 공간을 분리시키고, 책상 앞에는 시간계획표 외에는 아무것도 보이지 않게 하며, 책이나 장식품은 책상 뒤쪽으로 치워서 공부하는 동안 시야에 다른 자극이 들어오지 않도록 해야 한다.

물건들은 장롱이나 서랍에 넣어두자. 서랍마다 넣어두는 물건의 명칭을 붙여두는 것도 좋다. 마지막으로, 외부적인 규칙을 만든다. 해야 할 일에 대한 규칙은 눈에 잘 보이게 붙여놓는 것이 좋다. 이때 여러 가지 규칙보다는 한두 가지를 적용하는 것이 효과적이다.

(2) 부모가 먼저 차분하고 계획성 있는 생활을 하자

자녀는 부모의 생활방식이나 행동을 그대로 모방하는 경우가 많다. 나이가 어릴수록 이런 모방학습이 중요하다. ADHD 아동의 부모를 보면 부모 자신이 주의산만하고 충동적인 경우가 많아 다른 사람과의 약속시간을 잊거나 물건을 자주 잃어버린다. 앞에서도 보았듯이 ADHD는 신경학적인 문제가 있는 경우가 많으며, 이는 부모로부터 물려받았을 가능성이 크다. 그래서 ADHD 아동의 부모 중 한쪽이 주의산만한 경우를 흔히 볼 수 있다.

자녀를 차분하게 만들려면 부모가 먼저 자신의 산만하고 충동적인 경향을 잘 알아보고 수정하는 것이 필요하다. 부모의 생활 자체를 계획성 있게 만들어보자. 이를 위해 부모도 시간계획표를 짜고 이를 충실히 실천하는 것이 좋다. 또 산만해서 일어나는 실수를 줄이기 위해 항상 수첩이나 휴대폰의 일정관리 기능을 활용하고 자주 확인하는 습관을 들이는 것이 좋다.

또 한 가지 일을 하다가 금방 다른 일을 하는 경우가 많은데, 한 가지 일을 끝까지 하는 것이 자녀에게 모범이 될 수 있다. 그리고 집안일을 할 때도 대충하지 말고 꼼꼼하게 하며 확인하는 모습을 보여주는 것이 좋다.

충동성도 자녀가 쉽게 배우는 것이기 때문에, 부모가 먼저 말을 할 때나 행동을 할 때 천천히 차분하게 하는 모습을 보여주어야 한다. 바람직한 의사소통방식을 연습해서 조리 있게 자신의 의사를 표현하자. 대화할 때는 한 박자 늦추어 여유를 갖고 상대방의 말에 귀를 기울인다. 화가 날 때도 버럭 화를 내는 습관을 버리고, 대화를 통해 해결하도록 연습한다. 이런 것들을 자녀가 배운다는 것을 명심하고, 부모 스스로 자신의 행동 패턴이나 생활방식을 변화시키려는 노력을 먼저 보여주어야 한다. '말하기보다 행동하라!'는 원칙을 지키기는 쉽지 않지만, 자녀의 교육을 위해 꼭 필요한 원칙이다.

5) 효과적인 의사소통방식 배우기

의사소통이란 서로의 뜻을 전달하는 수단이다. 이것은 간단하고 쉬운 일 같지만 결코 쉽지 않다. 부모가 자녀를 아무리 사랑해도 의사소통방법이 좋지 않으면 사이가 나빠진다. 특히 ADHD 아동을 둔 부모와 교사는 자기도 모르는 사이에 좋지 않은 의사사통방법을 많이 사용하게 되어 아이와의 사이가 점점 나빠지는 경우가 많다. 따라서 효과적인 의사소통방법을 배우고 실천하는 것이 아동과 좋은 관계를 회복하고 자존감도 높여주는 지름길이다.

먼저, 〈의사소통 상태 점검표〉를 통해서 부모나 교사의 상태를 점검해보고 이를 바람직한 방식으로 고치도록 노력해야 한다〈가족 상태 점검표〉 참조.

◆ **가족 상태 점검표**

가족의 상태	바람직한 방식
1. 욕을 한다.	• 분노감을 상처주지 않는 말로 표현하라.
2. 상대방을 무시한다.	• "네가 ∼해서 내가 화가 났다"고 말하라.
3. 상대의 말을 가로막는다.	• 차례를 기다려서 짧게 말하라.
4. 언제나 비판적이다.	• 구체적인 행동에 초점을 맞추면서 좋은 점과 나쁜 점을 지적하라.
5. 공격받을 때 방어한다.	• 주의깊게 듣고 그 말을 잘 생각한 후 침착하게 부정하라.
6. '항상' '결코'라는 말을 사용한다.	• '대부분' '가끔'이라는 말을 사용하라.
7. 오랫동안 잔소리를 한다.	• 정곡을 찔러서 짧게 말하라.
8. 다른 곳을 보면서 말한다.	• 상대방과 호의적으로 눈을 맞추면서 말하라.
9. 서서 혹은 걸어다니면서 말한다.	• 앉아서 상대방에게 주의를 기울이며 말하라.
10. 높고 날카로운 어조로 말한다.	• 정상적인 어조로 말하라.
11. 한 번에 여러 가지 문제에 대해 말한다.	• 하나의 문제를 다 끝낸 후에 다른 것을 말하라.
12. 최악의 사태를 생각하고 말한다.	• 마음을 넓게 갖고, 넘겨짚어 생각하지 마라.
13. 과거를 들추어낸다.	• 지금의 문제에만 집중하라.
14. 상대방의 마음을 추측한다.	• 상대방의 의견을 물어보라.
15. 명령조로 말한다.	• 부드럽게 요청하라.
16. 침묵으로 의사를 표현한다.	• 느끼는 것을 솔직하게 말해주라.
17. 벌컥 화를 낸다.	• 10까지 세고 그 방을 떠나라.

18. 상대방의 말을 가볍게 대충 듣는다.	• 당신에게는 사소한 일처럼 보이더라도 진지하게 들어주라.
19. 자신이 한 일을 부정한다.	• 자신이 한 일을 받아들이고 나서, 상대방이 오해하고 있는 그런 의도는 아니었다고 말하라.
20. 작은 실수에 대해 잔소리를 한다.	• 누구도 완벽하지 못하다는 것을 받아들이고 사소한 일은 눈감아주라.

출처: Bloomquist(1996/2000).

(1) 의사소통의 기본 자세

부드럽게 눈을 맞추고 편안한 자세로 상대방을 향한다. 그래야 원활한 대화가 이루어질 수 있다. 그리고 상대방을 무조건 존중하고, 잘못한 행동에 대해 말할 때 '사람'이 아닌 '행동'에 초점을 맞추어 대화한다. 즉, "넌 왜 애가 그 모양이냐"라고 하기보다는 "지금 네가 한 일은 나쁜 일이야"라고 말하는 것이 좋다. 특정한 행동은 노력하면 고칠 수 있지만 '사람'이나 '성격'은 쉽게 달라지지 않는다. 그래서 '사람'이나 '성격'이 나쁘다고 말하게 되면, '난 원래 나쁜 놈이니까'라고 생각하면서 잘못된 행동을 고치려 하지 않는다.

선입관이나 편견을 버리고, 자신의 의도대로 대화를 이끌려고 하지 마라. 마치 형사가 범죄 사실을 추궁하는 듯한 대화 방식은 버려야 한다. 이는 상대방의 기분을 상하게 해서 서로 감정이 격해지는 대화를 하게 만든다. 부모가 미리 대화의 방향을 정해놓지 말고, 자녀의 입장을 있는 그대로 받아들이면서 대화하는 것이 좋다. 이는 상대방의 의견이 자신과 다를 수 있음을 인정하고, 자신의 생각을 강요하지 않는 것을 뜻한다. 즉, 지위나 힘에 의한 의사소통을 하지 말아야 한다.

많은 부모가 자녀의 생각보다는 부모의 생각이 더 낫다고 믿는다. 그래서 자녀의 의견은 들어보지도 않고 부모가 시키는 대로 하기를 바란다. 그렇지만 인간은 두 살만 되어도 자율성의 욕구가 있기 때문에 남의 명령을 달가워하지 않는다. 부모의 뜻을 자녀가 따르도록 하고 싶으면 명령하지 말고 자녀의 의견을 잘 들어준 다음에 부모의 의견을 말하고, 그중에서 좋은 것을 서로 합의하고 타협해서 결정하는 방식이 좋다.

(2) 듣기 기술

효과적인 의사소통이란 무엇일까? 말을 잘하면 의사소통 기술이 좋은 것이라고 생각하기 쉽다. 그러나 다른 사람과 대화를 잘하는 사람들을 살펴보면, 그들에게는 말을 잘하는 능력이 아니라 남의 말을 잘 들어주는 능력이 있음을 알 수 있다. 남의 말을 들어주는 것이 쉬워 보이지만 상당한 노력과 기술을 요한다. 이는 대화 시 예의이기도 하다. 자녀와의 대화에서도 기본적인 예의를 지키지 않으면 나쁜 감정을 갖게 되는 것이 당연하다. 기분이 나빠지면 상대방이 아무리 옳은 말을 해도 듣기 싫은 것이 사람의 마음이다. 자녀가 부모의 말을 잘 듣게 하려면 먼저 자녀의 말을 존중하면서 들어주도록 노력해 보자.

① 경청하기

경청은 단순히 듣는 것이 아니고 주의를 집중해서 듣는 것 이다. 상대방을 마주보면서 열심히 들어주면 말하는 사람은 자신이 존중받는다는 느낌을 받게 된다. 듣는 동안 고개를 끄 덕이거나 "음, 음" 등의 표현으로 상대방을 이해한다는 것을 보여준다.

② 중간에 끼어들지 않기

자녀가 말을 조리있게 하지 못하거나 쓸데없는 말을 한다 고 생각하면 부모는 중간에 끊고 자기 말을 하기 쉽다. 그러나 이는 상대방을 무시하는 행위이므로 기분을 상하게 만든다. 그렇게 되면 이후의 대화는 원활하게 진행되기 어렵다. 상대 방이 말할 시간을 충분히 주고 인내심을 갖고 기다려주도록 노력하자. 그러면 자녀도 부모의 말을 열심히 듣게 될 것이다.

③ 상대방의 입장에서 공감하기

상대방이 말하는 동안 경청하다 보면 상대방의 입장에서 생각하고 느낄 수 있게 된다. 자녀가 잘못을 저질렀을 때 야단부터 치는 경우가 많은데, 야단을 치기 전에 자녀가 자신의 입장을 말할 수 있는 기회를 주어야 한다. 그리고 부모 스스로 자신의 어린 시절을 생각하면서 자녀의 입장에서 이해해보려고 노력해야 한다. 그러고 나서 잘못된 부분에 대해 지적해도 늦지 않다.

사람은 보통 자신이 이해받는다고 느끼면 마음의 여유가 생기게 된다. 그러면 자신의 잘못도 더 쉽게 받아들일 수 있다. 예를 들어, 친구와 싸운 것을 얘기하면 곧바로 야단부터 치는 부모가 있는데, 그렇게 되면 아이는 다음부터는 그런 얘기를 부모에게 하지 않고 혼자서 문제를 해결하려고 하다가 문제가 커질 수도 있다. 이런 경우에는 우선 자초지종을 자세히 들어보고 나서 자녀가 느꼈을 분노에 대해 먼저 이해해주어야 한다. "그런 일이 있어서 속상했겠구나"라고 말해준 다음에 상대방의 잘못이나 자녀의 잘못에 대해 같이 이야기하고, 다음에 그런 일이 또 생기면 어떻게 하면 좋을지를 함께 의논해본다.

④ 부드럽게 질문하기

어떤 아이는 자신의 경험을 이야기하는 데 조리가 없다. 그 럴 때 듣는 사람이 짜증을 내면서 "도대체 무슨 말을 하는 거 냐?"라든지, "말을 똑바로 해"라고 하기 쉽다. 그러나 이는 아 이로 하여금 대화에 자신감을 잃어버리게 만드는 것으로 이로 인해 아이는 점점 더 말솜씨가 없어지게 된다. 이해가 되지 않 을 때는 이해되지 않은 부분을 좀 더 자세히 얘기해주면 좋겠 다고 부드럽게 요청하자. 이런 과정을 반복하면 아이들은 좀 더 조리있게 자기 경험을 이야기할 수 있게 된다. 그리고 아동 이 조리있고 차분하게 말할 때는 "그렇게 차분하게 말하니까 무슨 말인지 잘 알겠다"고 칭찬해주는 것도 잊지 말자.

(3) 말하기 기술

일단 자녀의 말을 잘 들어주고 나면 자녀도 부모의 말을 잘 들을 준비가 된다. 그때 부모가 하는 말은 훨씬 잘 먹혀든다. 그때 효과적으로 말하는 기술을 활용하면 부모가 자녀에게 바 라는 것을 더욱 쉽게 얻을 수 있을 것이다(Gordon & Gordon, 1976/1989).

① 나 전달법

자신의 현재 느낌, 생각, 바람을 솔직하고 진지하게 전달한

다. 부모는 자녀에게 말할 때 명령하거나 위협을 하는 경우가
많다. 또 경고나 훈계, 비판은 물론 심하면 욕설까지 한다. 이
런 것을 너 전달법이라고 한다. 나 전달법I-message과 너 전달법
You-message의 예를 보자.

> "내가 전화받는데, 조용히 좀 못해?" 너 전달법
> "조용히 안 하면 혼날 줄 알아" 너 전달법

> "내가 전화받을 때 네가 그렇게 큰 소리로 말하면 말이 잘
> 안 들려 답답하단다" 나 전달법
> "전화할 때 조용히 해주면 고맙겠다" 나 전달법

누구나 자신의 행동은 자신이 결정하고 주도하고 싶어 하
기 때문에 남이 명령하면 자율성이 침해되어 기분이 나빠지
고, 그렇게 되면 그 말을 따르기 싫어진다. 따라서 부모가 너
전달법을 많이 사용하면 자녀는 삐딱하게 반응하기 쉽다. 나
전달법 같은 말하기 기술을 잘 터득하면 자녀와의 관계도 좋
아질 뿐만 아니라, 아동이 부모의 말을 잘 따르게 된다. 물론
그것은 하루 이틀 한다고 금방 효과가 나타나는 것은 아니다.

나 전달법은 부모가 자신의 생각이나 느낌을 솔직하게 자
녀에게 전달함으로써, 자녀 스스로 부모의 입장에 서보고 자

기 행동을 고쳐야겠다는 생각이 들게 한다. 이 방식을 꾸준히 사용해보면 자녀의 행동을 바꾸는 데 명령보다 더 효과적이라는 것을 알게 될 것이다.

② 명령이나 해결책보다 정보를 제공하기

자녀가 스스로 의사결정을 내리도록 도와주어야 한다. 자녀의 잘못된 행동을 고치려고 할 때 자칫 "이렇게 해라" "그런 옷은 입지 마라"라고 말하는 경우가 많다. 그러나 그것은 부모가 결정을 내려주는 것이기 때문에 자녀의 자율성을 저해한다. 또 아이 역시 자신이 내린 결정이 아니기 때문에 책임감을 느끼지 못하고, 일이 잘못되면 남의 탓을 하게 되는 것이다.

충고해주고자 할 때는 부모가 알고 있는 정보를 최대한 자녀에게 알려주는 선에서 그쳐야 한다. 그다음에 자녀 스스로 자신이 갖고 있는 정보와 부모가 준 정보를 비교하고 판단하게끔 하는 것이 좋다. 그래야 자기 행동에 대해 책임을 질 수 있게 된다. 처음에는 자녀가 잘못된 결정을 내릴 수도 있지만, 실수를 통해 합리적인 결정을 하는 방법을 배우게 된다. 물론 너무 어린 자녀에게 어려운 결정을 강요하는 것은 큰 부담을 줄 수 있으므로 부모가 같이 의논하는 방식으로 도와주는 것이 좋다.

6) 민주적인 갈등해결

인간관계에서는 서로가 원하는 것이 다르기 때문에 때로 갈등이 생길 수밖에 없다. 사람들은 흔히 갈등이 있으면 관계가 나빠진다고 생각한다. 그러나 갈등 그 자체가 문제라기보다는 갈등을 해결하는 방식이 잘못되어서 관계가 나빠진다. 갈등을 잘 해결하면 오히려 관계가 더 좋아진다. 이는 '비 온 뒤에 땅이 더 굳어지는 것'과 같은 이치다.

자신의 특정 행동을 부모가 싫어한다는 것을 알면서도 그 행위를 계속하고 싶은 강한 욕구가 있을 수 있다. 이런 상황을 '갈등'이라고 하며, 이때는 부모와 자녀 모두 욕구 충족에 문제가 생기게 된다. 이때 대부분의 부모는 힘과 권위를 사용하거나 위협해서 부모가 이기고 자녀가 지는 방법을 택한다. 반대로 자녀가 고집을 계속 부려서 결국 부모가 자녀가 하고 싶은 대로 하도록 허용하는, 자녀가 이기고 부모가 지는 경우도 있다. 이 2가지 방법은 모두 한쪽은 이기고 한쪽은 지는 승패법이며, 패배한 쪽은 승자에게 적개심을 갖게 되고 욕구불만 상태가 된다.

갈등해결의 가장 효과적인 방법은 무패법이다. 이는 승자도 패자도 없는 해결방법으로, 가장 민주적인 방식이라 할 수 있다. 무패법은 다음과 같은 절차를 따른다. 먼저, 서로 다른 욕구를 명확히 정의하고, 가능한 해결책을 차례차례 생각해보며, 각 해결책의 장단점을 평가하고 서로가 수용할 수 있는 해결책을 결정하여 결정된 해결책을 약속대로 실행하고, 일정한 기간이 지난 후에 평가한다.

부모와 자녀 간에 가치관, 생활방식, 옷에 대한 취향, 친구의 선택, 심미적 선호, 도덕성, 정치적 신조, 인생 목표, 개인적 습관 같은 것의 차이 때문에 갈등이 생기는 경우를 생각하면서 위의 절차대로 연습해보자. 이런 절차를 적용할 때도 효과적인 의사소통방식을 사용해야 한다. 다음의 대화 예를 보자.

엄마: 내일부터 글짓기 학원에 다니지 않을래?

아동: 싫어. 영어 학원도 가야 되고 숙제도 많은데 글짓기 학원에 갈 시간이 어딨어?

엄마: 글짓기를 잘해야 대학을 가지. 다른 애들도 많이 다니는데 너만 안 다니면 나중에 어떻게 하려고 그래?

아동: 그래도 요즘은 놀 시간도 거의 없잖아?

엄마: 노는 게 뭐가 중요하니? 나중에 후회하지 않으려면 지금 공부를 열심히 해야지.

아동: 그래도 하기 싫어. 나중에 할게.

엄마: 하라면 해. 내일부터 다니는 걸로 알고 있어.

아동: 에이, 싫은데.

앞의 대화 예는 갈등 상황에서 엄마가 이기는 것으로 끝난다. 이 대화에서는 우선, 엄마는 아동의 생각이나 욕구를 전혀 고려하지 않았다. 아동의 놀고 싶은 욕구를 아동의 입장에서 이해하지 못하고 엄마의 입장만을 고집해서 아동의 말에 공감하지 못했다. 따라서 모든 대화는 아동의 말을 반박하고 충고하는 식이 되었고, 대학에 가야 한다는 엄마의 가치관을 강요하고 있다. 엄마는 결국 아이가 엄마의 뜻을 따르도록 효과적으로 설득하지 못하고 힘으로 누르고 있다.

이런 갈등해결방식은 아동으로 하여금 엄마의 뜻대로 글짓기 학원에 다니게 되더라도 하기 싫은 것을 억지로 하기 때문에 흥미를 갖지 못해 열심히 하지 않게 만든다. 그리고 엄마가 자신을 이해하지 못한다고 생각해서 다음부터는 엄마와 말을 하려 하지 않으며, 엄마에게 적개심을 갖게 되어 엄마의 말을 더 안 듣게 만든다. 또 자신의 생각이 묵살됨으로써 자율성을 키우지 못하고 엄마의 결정에 따르는 것이기 때문에 자기 행동에 책임을 지지 않으려 하게 만든다.

엄마: 내일부터 글짓기 학원에 다니지 않을래?

아동: 싫어. 영어 학원도 가야 되고 숙제도 많은데 글짓기 학원 갈 시간이 어딨어?

엄마: 시간이 없더라도 해야지. 다른 애들도 많이 다니는데

너만 안 다니면 나중에 어떡하려고 그래?

아동: 안 그래도 놀 시간이 없는데, 글짓기 학원은 절대로 안 갈 거야.

엄마: 가기 싫은 건 알지만 나중에 후회하지 않으려면 지금 공부를 열심히 해야지.

아동: 죽어도 안 간다니까. 자꾸 가라고 하면 집을 나가버릴 거야.

엄마: 내가 졌다. 네 맘대로 해라.

위의 대화 예는 갈등상황에서 아동이 이기는 것으로 끝난다. 이런 대화방식에서는 아동이 자기 생각이나 욕구를 말할 때 엄마는 여기에 공감하지 못하고 아동에게 충고하고 설득하는 말을 주로 한다. 이에 아동은 자기 의견을 강하게 고집하며 협박하여 엄마를 누르고, 아동의 협박에 엄마는 더 이상 대화를 이끌어가지 못한다.

이런 대화는 아동이 자기의 욕구나 생각을 강하게 표현하므로 스트레스를 적게 받을 수는 있다. 하지만 고집을 부리고 협박을 하면 자기의 뜻이 관철된다는 것을 배우게 되어 고집스러운 성격이 형성되고, 참을성이 없고 자기 멋대로 하려는 경향으로 인해 학교생활에서도 지적을 많이 받거나 또래관계도 나빠질 수 있다. 또한 어떤 문제가 있을 때 깊이 생각하지 못하고 당장의 욕구대로 행동하게 된다.

엄마: 내일부터 글짓기 학원에 다니지 않을래?

아동: 싫어. 영어 학원도 가야 되고 숙제도 많은데 글짓기 학원 갈 시간이 어딨어?

엄마: 다른 할 일이 많아서 글짓기 학원에 다니기 힘들게 느껴지나 보구나.

아동: 응. 요즘은 놀 시간도 거의 없잖아?

엄마: 그래, 너는 더 많이 놀고 싶은데 시간이 모자라는구나. 그러면 어떻게 하면 좋을지 같이 생각해보자. 엄마 생각에는 글짓기를 공부하는 게 다른 공부에도 도움이 되고, 생각도 넓혀주니까 좋을 것 같은데, 네 생각은 어떠니?

아동: 글짓기 공부도 하면 좋겠지. 그런데 지금은 시간을 내기 어렵잖아.

엄마: 그래. 너도 글짓기 공부를 하는 게 괜찮다고 생각하는데 시간이 문제구나.

아동: (잠시 생각하다가) 그러면 지금 당장은 말고, 방학하면 그때 다니는 게 어떨까?

엄마: 그래, 그런 방법이 있구나. 네가 좋은 해결책을 찾았네. 그럼 방학하면 글짓기 학원에 다니기로 엄마하고

약속할래?

아동: 좋아. 약속했어.

위의 대화 예는 갈등 상황에서 누구도 이기거나 지는 사람이 없다. 엄마는 아동의 욕구나 생각을 이해하려고 애쓰면서 자신의 생각이나 바람을 솔직하게 표현하지만 강요하지는 않았다. 또한 엄마가 결정을 내리지 않고 아동이 해결책을 찾을 수 있도록 문제를 정리하면서 기다려주었다. 결국 두 사람의 욕구와 바람이 조금씩의 양보를 통해 다 충족되었다.

이렇게 대화를 하려면 시간도 오래 걸리고 부모의 인내심 그리고 타협과 양보가 필요하다. 그러나 그만큼 교육적인 효과가 있다. 이런 대화를 통해서 아동은 자신이 이해받고 있다고 생각해 마음의 여유가 생겨 엄마의 바람을 수용할 수 있게 되고, 서로를 존중하는 대화를 통해 부모와 자녀 간의 관계도 좋아진다. 아동이 문제를 스스로 해결하도록 도움으로써 사고력과 자율성을 키워주며, 사회생활에서 갈등이 생겼을 때 권력이나 힘을 사용하지 않으면서도 해결하는 방법을 배울 수 있고, 문제가 생겨도 해결할 수 있다는 자신감이 생긴다. 또한 자신이 의사결정한 것이므로 책임감이 생긴다.

7) 화와 분노 다스리기

화와 분노 감정은 외부의 스트레스, 즉 다른 사람이나 환경으로부터 생길 수 있다. 그뿐 아니라 자신의 성격이나 실수 같은 자기 내부에서도 올 수 있다. 화와 분노는 흥분 상태를 가져오기 때문에 소리를 지르거나 물건을 부수고 때리는 등의 격렬한 동작을 일으키기도 하여, 이런 감정을 잘 다스리지 못하면 인간관계에 치명적으로 나쁜 영향을 준다. 그렇다면 화를 잘 다스리는 것과 잘 다스리지 못하는 것의 차이는 무엇일까?

(1) 화와 분노 잘못 다스리기

첫째, 화가 나는 대로 소리 지르거나 욕하고 때리는 것이다. 이 방법은 당장은 화가 가라앉을지 모르지만, 자녀에게 적개심을 불러일으키고 자존감을 낮춘다. 이로 인해 결국 사이가 나빠지고 자녀도 화가 나면 소리를 지르거나 물건을 던지는 것을 배우게 된다.

둘째, 화와 분노를 마음속에 쌓아두고 표현하지 않는 것이다. 이 방법은 당장 싸움은 일어나지 않겠지만, 감정을 억제하는 것이기 때문에 나쁜 감정이 해결되지 못하고 오랫동안 남아있게 된다. 그렇게 되면 가슴이 답답하고 소화가 안 되는 등의 신체 증상이 생길 수 있다. 또 화가 없어지지 않고 누적되기 때문에 나중에 사소한 일에 폭발적으로 화를 낼 수도 있다.

셋째, 분노감을 무관한 사람에게 돌려서 푸는 것이다. 배우자가 잘못해서 화가 났는데 배우자에게 직접 말을 하지 못하고 아이에게 화를 내는 경우가 있다. 이는 죄 없는 사람을 부당하게 대우하는 것이다. 따라서 아이를 화나게 해 관계가 나빠지게 만든다.

넷째, 이전의 일까지 합쳐서 화를 내는 것이다. 아이가 사소한 잘못을 했을 때 그 문제뿐 아니라 지난 일까지 끄집어내서 화를 내다보면 부모는 극심한 분노를 폭발시킬 수 있다. 그러면 아이는 잘못을 뉘우치기보다는 부당하다고 생각하게 될 것이다.

(2) 효율적인 분노 감정 다스리기

그렇다면 분노 감정을 잘 해결하기 위해서는 어떻게 해야 하는가? 우선은, 부모나 자녀 모두 화가 날 수 있다는 것을 인정하고, 그 감정을 어떻게 처리할지 생각하고 나서 행동한다. 분노가 극심하면 잠시 혼자 있는 시간을 갖고 이완한다. 이때 심호흡을 하고 숫자를 천천히 세면 도움이 된다. 화가 머리끝까지 치민 상태에서 대화를 하면 서로 상처 주는 말을 하게 되거나 폭력을 쓰게 될 수도 있다. 그럴 때는 나중에 얘기하는 것이 더 낫다.

지금의 문제를 해결하기 위해 문제가 무엇인지 명확하게 정의하되, 과거의 일까지 들먹이지 말고 지금 현재의 문제를 해결하는 데 초점을 맞춘다. 그리고 왜 화가 났는지를 먼저 생각한다. 아이의 잘못보다는 부모의 높은 기대 때문에 화가 난 것은 아닌지 생각해본다. 예를 들어서, 자녀의 시험성적 때문에 화가 난 경우라면 부모 자신의 욕심 때문에 화가 났을 수 있으므로 아이를 야단치기보다는 부모 스스로 생각을 바꿔야 한다.

한편, 자신의 분노 감정을 숨기지 말고 '나 전달법'을 사용해 자신의 감정을 정확히 표현한다. 자녀가 방을 어질러놓는 것 때문에 여러 번 주의를 주어도 듣지 않을 때 화가 날 수 있다. 이때 "넌 정말 못된 아이구나" "정말 혼이 나야 말을 들을 거니?"와 같은 '너 전달법'은 아이가 잘못을 했다 하더라도 받아들이기 힘든 말이다. 그보다는 "엄마가 여러 번 말했는데 네가 또 방을 어질러서 속상하구나. 엄마가 네 방을 정리하기가 너무 힘들단다. 이제는 화가 나기까지 한다"라고 말해보자. 이 방법은 엄마의 화난 감정을 솔직하게 표현하기 때문에 화가 누적되지 않는다. 또 자녀의 입장에서는 욕을 먹지 않으면서 자기의 행동 때문에 부모가 화났다는 것을 알게 되므로 자기반성을 더 쉽게 할 수 있다.

반복되는 문제에 대해서는 충분한 시간을 갖고 함께 앉아서 서로가 납득할 수 있을 때까지 얘기한다. 화난 감정을 표현하고 나서는 지금의 문제에 대해 앞으로 어떻게 할 것인지를 얘기하는 것이 좋다. 자녀의 나쁜 습관 때문에 부모가 자주 화가 난다면, 그 습관을 고칠 방법을 자녀와 함께 의논하고, 필요한 경우에는 합의 하에 행동수정기법을 사용할 수 있다. 분노를 너무 오래 쌓아두지 말고, 가능하면 빠른 시간 내에 당사자와 대화해야 한다는 것을 명심하라.

8) 학교에서 개입을 위한 교사교육

ADHD 아동의 학교 적응을 위해 교사의 도움이 필수적이다. 행동계약을 활용하여 보상을 제공하는 절차와 타임아웃이나 반응대가를 활용한 처벌 등을 통해 학습 문제를 완화하고 교실에서 적절한 행동과 학교 규칙 준수, 또래관계 향상 등을 도모할 수 있다4절 참고.

학업 문제에 개입하기 위해 조직화기술과 자기점검 방법을 교육하고 자기강화를 하도록 도움으로써 자기관리와 자기통제력을 향상시켜야 한다5절 참고. 또한 읽기, 쓰기 등의 기초학습에 대한 교육이 필요하다. 이를 위해 또래의 도움을 받는 교육이나 컴퓨터를 활용한 교육, 시청각 교육 등이 도움이 된다.

사회적 기술을 향상시키기 위해서도 자기통제와 자기조절, 그리고 모방학습과 보상을 활용하면 좋다5절 참고. 학교와 가정 간 의사소통을 통해 일관성 있게 교육하는 것이 중요하다(DuPaul & Stoner, 2003/2007).

학교 현장에서 ADHD 성향 아동의 주의산만 감소 및 사회 기술과 자기조절능력 향상을 위하여 아동과 부모, 교사 대상으로 실행된 12회기의 인지행동프로그램의 효과성을 검증한 결과, 교사 평정의 사회기술과 부모 · 교사 평정의 자기조절능력이 유의미하게 향상되었다는 연구결과가 있다. 이는 학교 현장에서 ADHD 성향 아동을 위한 개입의 유용성을 보여주는 것이다(배은경, 정순둘, 2013). ❖

4. 행동수정기법

부모는 자녀가 한 가지 일에 차분히 몰두하거나, 수학 공부를 열심히 하거나, 또는 다른 아이들과 싸우지 않기를 바란다. 이런 구체적인 문제들을 어떻게 다룰지 알아보자.

아동의 문제행동을 개선시키기 위한 구체적인 기법은 앞에서 나왔던 부모의 기본 수칙을 먼저 이행한 후부터 시작해야 효과가 크다. 부모와 아동이 좋은 관계를 맺고 좋은 환경을 조성해주는 것 자체만으로도 아동의 문제행동이 어느 정도 개선되기도 한다. 그것이 이루어진 후부터 문제행동에 좀 더 직접적으로 개입하는 것이 좋다.

앞 장에서 ADHD가 자기 행동을 통제하는 데 결함이 있다는 것을 설명했다. 자기통제란 자기 행동을 계획하고 조직화하는 기능으로, 복잡한 인간 행동을 실행하는 데 있어서 가장 중요한 것이다. ADHD 아동의 경우는 자기의 행동을 조직화하고, 미래를 위해 계획하며, 그 계획을 실행하는 것이 매우 어렵다. 또한 효과적으로 수행하게 하는 기술이나 지식이 없는 경우도 있지만, 그런 지식이 있어도 실행을 못하는 경우가 많다.

그런 문제를 교정하기 위해 단순히 어떻게 하라고 가르치는 것만이 능사는 아니다. 대신에 분명하게 지시를 주고 그 지시에 따를 수 있도록 조건을 만들어주어야 한다. 예를 들어, 아동이 공부를 싫어한다면 과제를 흥미롭게 만들어 공부할 동기가 생기도록 재정비해주는 것이 좋다. 또 당장의 즉각적인 만족보다는 장기적인 목표를 향한 행동을 할 수 있게 도와야 한다. 그러기 위해서는 작은 과제부터 성취할 수 있게 해주고 그것에 대해 보상을 주는 것이 매우 효과적이다.

이것은 말로는 비교적 단순하지만 실제로 행하기는 말처럼 쉽지 않다. 많은 시행착오를 거치면서 아동 개개인에게 가장 적합한 방법을 찾아나가야 하므로 상당한 노력이 필요하다. 부모가 행동수정을 효과적으로 실시하려면, 먼저 아동에게서 잘못된 행동이 나타날 때 이에 즉각 반응하기 전에 잠시 생각할 시간을 갖고 행동수정 원칙과 일치하는 반응을 선택해야 한다(Martin & Pear, 2011/2012).

1) 칭찬과 보상

앞에서 설명한 것처럼 재미없고 지루하고 보상이 없는 일을 해야 할 때 ADHD 아동은 무언가 다른 일을 찾으려는 충동을 느낀다. 만일에 아동으로 하여금 한 과제에 몰두하게 하고 싶다면 아동이 그 과제를 수행하고 나서 받을 보상을 미리 준비해놓아야 한다. 대개의 부모는 해야 할 일을 하지 않을 때 처벌하는 방식을 많이 택한다. 그러나 여러 연구에 의하면, 처벌보다는 좋은 행동을 보상해주는 것이 교육적 효과가 훨씬 크다. 칭찬받는 아이는 칭찬받을 행동을 하게 되고, 비난받는 아이는 비난받을 행동을 계속하게 된다.

어떤 부모는 아무리 눈 씻고 봐도 칭찬할 만한 행동을 아이가 하지 않는다고 말한다. 그러나 부모가 너무 당연하다고 생각하는 것 중에 아이 나름대로는 노력하는 것이 있다. 예를 들어, 밤 늦게 돌아다니지 않고 집에 일찍 들어오는 것도 칭찬거리가 되고, 밥을 편식하지 않고 먹는 것도 칭찬해줄 수 있다. 동생과 자주 싸우다가도 어쩌다가 잘 놀아줄 때, 그때를 놓치지 말고 칭찬해주면 동생과 싸우는 행동이 줄어들게 된다. 이처럼 잘 살펴보면 사소한 것이라도 칭찬해줄 것을 찾을 수 있다.

긍정적인 피드백은 아동이 긍정적인 행동을 했을 때 그 행동에 대해 구체적인 말로 표현하면서 칭찬하는 것이 가장 좋

4. 행동수정기법 ✸ **129**

다. "네가 동생을 잘 보살펴주니까 참 좋다. 이제 다 컸구나"
라고 말하면서 등을 두드려주거나 안아주는 등의 신체적인 애
정 표현도 좋다. 또는 아동이 어떤 특권이나 선물을 받을 수
있도록 점수를 주는 방법도 있다. 왜냐하면 칭찬만으로 아동
이 자신에게 할당된 과제를 수행하거나 좋은 행동을 하게 하
는 것이 충분하지 않을 수도 있기 때문이다. 아동에게 주는 보
상은 어떤 형태이든 간에 한참 있다가 주기보다는 행동 후에
즉각적으로 주는 것이 더 효과적이다.

　예를 들어, ADHD 아동이 동생과 자주 다툰다고 하자. 그
문제를 해결하는 가장 효율적인 방법은 아동이 동생과 협동하
거나 물건을 나누어 쓰거나 친절을 보여주는지를 잘 살피고
있다가, 그렇게 했을 때 바로 그 자리에서 칭찬을 해주는 것이
다. 물론 동생을 못살게 굴었다면 가볍게 부정적인 피드백을
주는 것도 필요하다. 야단을 칠 때는 아이의 자존심을 건드리
지 않도록 특정한 행동을 지적하는 것이 좋다. 예를 들어, "넌
왜 항상 그렇게 못되게 구니" "형답지 않게 그게 무슨 짓이야"
라고 말하기보다는 "동생을 그렇게 세게 밀치면 다칠 수 있잖
니? 엄마는 그게 걱정된다"라고 말하는 것이 더 좋다. 부모는
자녀에게 무엇을 잘못했고 그것이 왜 받아들여지지 않는 행동
인지를 정확하게 말해주어야 한다.

(1) 보상을 주는 규칙

첫째, 보상을 자주 주어야 한다. ADHD 아동은 신속하고 많은 보상을 필요로 한다. 즉각적인 보상이 가끔 주어지는 것보다 자주 주어질 때 더 도움이 된다. 특히 아동의 잘못된 행동을 변화시키려 한다면 부모나 교사는 자신의 시간과 에너지가 허용되는 한 많은 보상을 제공하는 것이 좋다. 예를 들어, 과제를 마치는 데 상당한 문제가 있는 아동이 어쩌다가 숙제를 모두 마쳤다면 칭찬을 미루어서는 안 된다. 그때를 놓치지 말고 칭찬해주어야 한다.

흔히 부모는 부모가 돌봐주지 않아도 아이 스스로 알아서 잘해주기를 바란다. 그러나 그런 목표에 도달하기 위해서는 처음에는 부모가 시간과 노력을 들여서 아이가 좋은 습관을 가질 수 있도록 도와주어야 한다. 보상을 상기시켜주는 하나의 방법으로 욕실의 거울 모퉁이나 주방에 웃는 얼굴의 스티커를 붙여놓고 스티커를 볼 때마다 아동이 바로 그 순간에 하고 있는 일에 관심을 갖도록 노력해본다.

둘째, 강력하고 효과적인 보상을 다양하게 사용한다. ADHD 아동이 과제를 수행하거나 규칙을 따르거나, 또는 바르게 행동하도록 하기 위해서는 보통의 아동보다 더 강력한 보상이 필요하다. 흔히 보상은 비싼 물건이나 돈이라고 생각하기 쉽다. 그러나 그런 식으로 보상을 잘못 주기 시작하면 더 큰 문제가 생길 수도 있기 때문에 주의해야 한다. 특히 돈이나 물질적인 보상을 지나치게 사용하면 돈에 대한 탐욕이 생겨 물질만능주의로 흐르기 쉽고, 돈이나 물질 때문에 공부하게 된다면 공부 자체에서 오는 즐거움이나 보람, 부모나 선생님을 기쁘게 해주고 싶은 욕구, 그리고 일을 완성하거나 어려운 일을 해냈을 때 오는 자부심 같은 내적인 보상을 못 느끼게 된다. 또한 물질적 보상에 익숙해지면 나중에는 물질이 주어지지 않으면 행동이 통제되지 않는다. 게다가 너무 큰 보상으로 시작하면 나중에는 점점 더 큰 것을 요구하게 되어 현실적으로 보상을 주는 것이 불가능해진다.

따라서 보상은 물질적인 것뿐 아니라 신체적인 애정표현, 특권, 좋아하는 음식, 스티커나 점수, 작은 장난감 같은 물질적인 보상 혹은 선택할 수 있는 여러 행동밖에 나가서 놀거나 TV 보기 등, 그리고 때때로 돈도 사용할 수 있다. 물질적인 보상과 심리사회적인 보상을 적절하게 혼합하는 것이 좋다. 그러나 식사나 학교 준비물같이 필수적인 것을 보상으로 사용하면 안 된다보상의 종류 표 참고.

보상은 아동이 바람직한 일을 시작할 수 있게 하고, 부적절한 행동을 하고 싶은 충동을 억제할 수 있도록 도와준다. 아동의 행동통제력을 높이기 위해 초반에는 부모나 교사가 이처럼 보상을 주지만, 결국에는 아동 자신이 노력해 어떤 일을 성취

◆ 보상의 종류

분류	종류
물질적 보상	• 좋아하는 음식, 음료수, 옷, 신발, 학용품, 장난감, 돈
활동 보상	• 집에서의 활동: 오락, 게임, 레고, 조립, 인형놀이, 그림 그리기, 퍼즐
	• 밖에서의 활동: 운동, 아이들과 놀기
	• 집에서 멀리 떨어진 곳에서의 활동: 여행
	• 관람: 극장, 경기장, 화랑, 박물관
	• 수동적 활동: TV 보기, 라디오 듣기
사회적 보상	• 언어적 칭찬: "잘했어" "네가 자랑스럽다" "어려운 걸 다 해냈구나" "열심히 하는 걸 보니 보기 좋다"
	• 신체적 접촉: 머리 쓰다듬기, 등 두드려주기, 안아주기, 뽀뽀하기, 미소짓기

한다는 것 자체가 보상이 되도록 도와주어야 한다. 외부에서 주어지는 보상보다는 자기보상이 가장 효과적이다.

예를 들어, 아동에게 책을 많이 읽게 하는 방법을 생각해보자. 처음에는 책을 잠깐이라도 보면 부모가 칭찬해준다. 얇은 책을 한 권 다 읽으면 칭찬과 선물을 해줄 수도 있다. 그렇다고 억지로 많은 책을 읽게 하는 것은 도움이 되지 않는다. 한 권을 읽어도 자세히 읽고 책의 내용에 대해 많은 생각을 해보도록 하는 것이 좋다. 부모도 같이 책을 읽으면서 아동과 토론을 할 수도 있다. 그런 과정을 통해 아동이 책을 읽는 것에 재미를 붙이도록 하면 결국 책 읽는 것 자체가 보상이 되어 부모가 따로 보상을 주지 않아도 된다.

(2) 스티커나 점수제

행동 문제를 가진 아이들은 자기가 해야 할 일을 하고 규칙을 따르기 위해 강력한 프로그램을 필요로 한다. 강력한 보상을 주는 한 가지 방법은 스티커나 포커칩, 또는 점수를 모아 보상해주는 것으로, 이는 큰 보상을 얻을 수 있게 한다. 이 방법은 즉각적인 보상뿐 아니라 나중의 보상을 위해 아동이 노력할 수 있게 하므로 인내심을 키우는 데도 좋다. 그렇지만 어린 아동에게 너무 긴 시간 동안 기다리게 하는 것은 효과가 없다. 따라서 즉각적인 보상과 장기적인 보상을 잘 섞어서 사용하는 것이 좋다.

① 프로그램 실시 방법

스티커나 포커칩을 구하고 나서 아이에게 매우 긍정적인 어조로 보상체계를 설명해준다. 아이에게 바람직한 습관을 기르기 위해 열심히 노력한 일에는 혜택을 주겠다고 말한다. 예를 들어, 수학숙제를 하지 않는 행동을 수정하고 숙제를 잘하도록 하기 위해 매일 수학숙제를 할 때마다 스티커나 포커칩을 하나씩 주고, 일정 수가 모이면 아동이 원하는 보상을 주겠다고 약속한다. 그리고 나서 눈에 잘 띄는 곳에 스티커 붙이는

판을 붙여놓는다. 어떤 보상을 줄 것인지는 부모와 아동이 미리 협상해서 정해놓아야 한다. 이때 한꺼번에 여러 가지 행동을 수정하려고 욕심을 부려서는 안 된다. 한 번에 한 가지 행동에만 이 프로그램을 도입하고, 그것이 잘 되면 다른 행동들에 대해서도 시도해본다. 처음에는 너무 어렵지 않은 것부터 시작해서 성취감을 느끼도록 해준다.

부모와 아동은 충분히 협의한 후에 보상을 결정하는데, 이는 일종의 행동계약을 맺는 것이다. 계약사항은 문서로 남기고 서명하며, 약속은 반드시 지켜야 한다. 이때 아동이 원하는 보상을 정해야 하지만, 너무 큰 보상을 허용해서는 안 된다. 또 아동이 스티커를 얻기 위해 숙제를 대충 해서는 안 된다는 것도 미리 약속하고, 철저하게 했을 때 스티커를 준다. 이를 위해 매일 부모가 아동이 숙제한 것을 확인해야 한다.

스티커가 약속대로 모아졌다면 미루지 말고 즉시 보상을 주면서 아동의 노력을 칭찬해주어야 한다. 아동이 계약대로 이행했는데도 부모가 핑계를 대면서 보상을 주지 않거나 미룬다면 역효과를 볼 수도 있다. 스티커 목표는 처음에는 5~7개 정도로 시작하고, 그것이 잘 되면 좀 더 장기적인 보상계획을 세울 수 있다. 예를 들어, 30개 정도가 모이면 함께 여행을 가거나 아동이 오랫동안 원했던 선물을 사주겠다는 약속을 할 수도 있다.

② 점수제 프로그램

학교에 다니는 연령의 아동에게는 점수제를 실시할 수 있다. 식사 전에 손 씻기, 식후에 양치질하기, 숙제하기, 잠자리 정돈하기, 휴지통 비우기 등이 이 프로그램에 포함될 수 있다. 처음에는 한 가지 행동에 대해 시행하다가 아이가 흥미를 보이고 계획대로 잘 되면 여러 가지 행동에 대해 적용하면서 하루에도 많은 점수를 받을 수 있게 한다. 하기 힘든 일에는 점수를 더 주고 쉬운 일에는 작은 점수를 준다. 보상목록도 점수별로 표를 만들어두고 누적 점수에 맞는 보상을 받을 수 있게 한다 '점수체계 보상목록' 표 참고.

이 프로그램은 가정에서도 다음과 같은 표를 만들어서 아이들과 재미있게 시행할 수 있다. 이 노트는 부모만 쓸 수 있고, 아이는 열람은 가능하지만 기록할 수는 없다. 이 표는 매일 기록해야 효과적이다.

◆ **점수체계 기록노트 예**

날짜	잘한 행동항목	점수예금	점수인출	차액
2015. 8. 10.	동생과 안 싸움 식후 양치질 3번 장난감 정리	9점 6점 3점	TV 30분 시청(4점) 자전거 타기(2점)	
		합계 18점	합계 6점	12점

◆ **초등학생을 위한 점수체계 보상목록**

보상받을 행동목록	점수	보상목록	필요 점수
옷 챙겨입기	5	TV 보기(30분)	4
손/얼굴 씻기	2	비디오게임하기(30분)	5
양치질하기	2	밖에서 놀기	2
잠자리 정돈하기	5	자전거 타기	2
더럽혀진 옷 치우기	2	특별한 장난감 사용	4
장난감 치우기	3	외식하기	200
먹고 난 그릇을 싱크대에 넣기	1	비디오게임이나 영화 빌리기	300
숙제(15분마다)	5	볼링/미니골프/롤러스케이트/	400
개에게 깨끗한 물 주기	1	스케이트 타기	
목욕/샤워하기	5	취침시간 늦추기(30분)	50
코트 걸기	1	친구와 함께 놀기	40
형제와 싸우지 않기:		친구와 함께 자기	150
아침부터 점심까지	3	농구나 야구 경기장에 가기	300
점심부터 저녁까지	3	용돈 받기(천원/주)	100
저녁부터 취침까지	3	특별한 후식 선택하기	20
질문에 부드럽게 말하기	1	친구 집에 놀러가기	50
잠옷 입기	3		
부르면 오기	2		
질문에 사실대로 말하기	3		
긍정적인 태도	보너스		

출처: Barkley(1995).

점수제를 원활하게 실시하기 위해서는 몇 주마다 보상목록과 행동목록을 검토하고 필요하다고 느껴지는 새로운 것들을 추가한다. 아버지와 어머니 모두 일관되게 점수체계를 사용하면 더 효과적이다. 만약 차액이 마이너스가 되면 이 프로그램을 다시 계획해야 된다.

2) 바람직하지 않은 행동 변화시키기

(1) 긍정적인 행동으로 대치하기

아동의 바람직하지 않은 행동을 변화시키고자 할 때는 어떻게 해야 하는가? 먼저, 바람직하지 않은 행동을 대체할 긍정적인 행동이 무엇인지를 결정한다. 그러면 아동의 바람직한 행동에 대해 칭찬하고 보상하는 것이 더 쉬워질 것이다. 예를 들어, 동생을 때리는 행동을 생각해보자. 바람직한 행동은 동생과 잘 노는 것이다. 따라서 동생과 안 싸우고 놀고 있을 때 보상을 주는 것이 동생을 때릴 때 처벌하는 것보다 효과가 크다. 적어도 일주일 동안은 바람직한 행동을 일관되게 보상해 주어야 하고, 그다음에 공격행동에 벌을 주기 시작해야 한다. 이때에도 보상과 벌의 균형을 맞추어야 한다. 예를 들어, 칭찬이나 보상을 다섯 번 하면 벌은 한 번 사용한다든지 하는 식이다.

저녁식사 시간에 번번이 식사를 방해하고 불쑥불쑥 남의 말을 가로막는 한 아동의 예를 보자. 이런 경우 다음번 식사시간 직전에 식탁에서의 바람직한 행동에 대해 아동과 이야기를 해야 할 것이다. "네가 말하기 전에 다른 사람들이 말을 마치기를 기다려라" "입 안의 음식을 다 먹고 난 후 얘기해라" 등의 바람직한 행동을 이야기할 수 있다. 그리고 나서 아동이 이러한 규칙을 따랐을 경우에 점수를 얻을 수 있다는 것을 설명한다. 식사시간에 작은 카드에 이런 규칙을 써서 식탁에 놓고 아동이 규칙을 어기려고 할 때는 눈짓 등의 비언어적 단서를 줄 수도 있다.

(2) 일관성 유지하기

보상을 주는 계획을 며칠 실시해보고는 효과가 없다고 중단해버리는 부모가 많다. 그렇지만 효과가 눈에 보이게 나타나려면 시간이 걸린다. 그러다가 2, 3주가 지났는데도 별 효과가 없거나 계획대로 잘 되지 않을 때 프로그램에 어떤 문제가 있는지를 검토해봐야 한다. 규칙을 지키면 보상을 받는다는 것을 아동이 예측할 수 없거나 의문스러워할 경우 이 프로그램은 실패하게 된다.

효과를 보기 위해서는 장기적으로 일관성 있게 프로그램을 진행해야 한다. 그러기 위해서는 처음부터 프로그램을 신중하게 계획해야 한다. 단순하고 쉽게 짜고, 아동이 지킬 수 있는 행동목록을 많이 넣는다. 이때 아동의 의견을 많이 반영해서 프로그램 실시에 대한 동기를 높인다. 또한 한 번 프로그램을 시작하면 일관성 있게 시행하고, 너무 빨리 포기하지 말자. 효과가 나타나는 데는 시간이 필요하다. 그리고 부모 모두 같은 방법을 사용해야 한다.

3) 순종행동 증가시키기

ADHD 아동과 같이 사는 가족은 집 안이 전쟁터 같다고 생각한다. 아동은 집 안의 규칙을 어기고, 스스로 해야 할 일을 하지 않고 미루며, 가정의 평화를 방해한다. 부모의 요구에 대해 복종하지 않고 저항하며, 고집부리고 짜증을 내기도 한다. 그럴 때 아동이 부모의 말을 잘 듣고 반항적이거나 적대적인 행동을 줄일 수 있도록 다음의 원칙을 준수해야 한다.

우선은 서로 존중하는 마음을 갖고, 자녀의 사소한 잘못이나 실수는 이해해주고 부모-자녀관계를 우호적인 관계로 만든다. 또한 일상적인 갈등에 이성적으로 대처하고 부모와 아동 모두 분노 폭발을 줄이고, 아동이 부모의 요구와 규칙에 순종하도록 효과적인 지시를 한다.

(1) 순종할 때 즉각 보상주기

부모는 아동이 자신의 일을 스스로 알아서 하고 문제를 일으키지 않는 것이 당연하다고 생각한다. 그래서 잘하고 있을 때는 관심을 주지 않다가 잘못할 때만 야단을 치는 경우가 많다. 그러나 이는 바람직한 행동을 막는 지름길이다. 벌을 주기 전에 보상을 먼저 생각하라. 아동이 부모의 말에 주의를 기울이고 순종할 때 즉각 칭찬하고 긍정적으로 말해주는 것이 아동의 순종행동을 증가시키는 가장 좋은 방법이다. 만일 아동이 부모가 시키지도 않았는데 집안일이나 숙제를 하고 있으면 칭찬을 특별하게 해주고 보상을 주어야 한다.

아동이 자기 일을 하고 있거나 복종하고 있는 동안에 더 이상의 명령이나 질문을 하는 것은 좋지 않다. 아동이 과제를 할 때 부모가 너무 자주 복잡한 명령이나 불필요한 질문을 하면 산만해진다.

(2) 다른 사람의 활동을 방해하지 않기

ADHD 아동의 부모는 아이의 방해 없이 전화를 받거나 요리를 하거나 책을 볼 수 없다고 불평한다. 부모가 자기 일을 하고 있을 때 아이가 방해하지 않도록 하려면 어떻게 해야 할까?

우선 자녀가 부모를 방해하지 않을 때 주의를 기울이고 칭

찬해준다. 또 부모가 일할 동안에 아이가 해야 할 일을 말해
준다. 이때 아이에게 주는 임무는 장난감 가지고 놀기나 TV
보기와 같은 재미있는 활동이어야 한다. 그리고 얼마 동안 부
모를 방해하거나 귀찮게 하지 말라고 아이에게 말해준다. 예
를 들면, "엄마는 전화를 해야 하니까 그동안 너는 네 방에서
노는 게 좋겠다"라고 말할 수 있다. 아이가 지시에 잘 따를 때
칭찬해준다. 몇 분 후에도 아이가 지시를 따르고 있다면 역시
다시 칭찬해준다. 아이가 부모를 방해하러 오려고 하면, 즉시
하던 일을 멈추고 방해하지 않은 것에 대해 칭찬하고, 하던 일
을 계속하고 있으라고 다시 알려준다. 그리고 일을 다 마치면
부모의 일을 완성할 수 있게 해준 데 대해 칭찬하고 작은 보상
을 줄 수도 있다.

새로운 습관을 들일 때에도 이런 방법이 도움이 된다. 책을
읽거나 TV 볼 때의 좋은 태도, 식탁에서 이야기하는 매너, 다
른 사람의 집을 방문할 때의 예의 등을 가르칠 때에도 이 방식
을 사용하면 좋다.

(3) 순종하는 훈련의 시작

① 쉬운 명령에 순종하기

아동이 지켜야 할 2~3가지 명령을 선택해서 아동이 부모

의 명령에 순종하도록 만들어보자. 혼잡스럽지 않은 시간을 선택해서 아동에게 "수건 좀 갖다 줄 수 있겠니?" 등의 아주 간단한 요청을 한다. 이런 요청은 약간의 노력만을 요구하는 것이어야 한다. 아동이 명령에 따르면 "네가 내 말에 귀기울 여주니 좋구나"라든가 "부탁을 들어줘서 고맙다" 등의 구체 적인 칭찬을 해주어야 한다.

이런 훈련을 하루에 몇 번씩 하는데, 요구가 아주 간단하고 단순한 것이기 때문에 대부분의 아동은 말을 들을 것이다. 이 것은 아동의 순종행동에 대해 칭찬해줄 좋은 기회가 된다. 만 일 아동이 하나의 명령에 복종하지 않으면 그 명령은 건너뛰 고 또 다른 간단한 요구를 한다. 이때의 목표는 훈육이 아니라 아동이 순종행동을 할 수 있게끔 하여 이를 보상해주는 것이 기 때문이다. 그렇게 함으로써 아동이 다른 어려운 지시들에 순종할 가능성도 커지게 된다.

② 더 효율적인 명령하기

부모가 명령하는 방식을 변화시키기만 해도 아동의 순종행 동을 향상시킬 수 있다. 앞의 효과적인 의사소통방식에서 언 급했듯이 명령을 많이 하는 것은 좋지 않다. 그러나 꼭 지켜야 하는 규칙에 대해서는 부모가 명령을 할 수도 있다. 아동에게 지시를 할 때는 다음을 유념해야 한다.

첫째, 아이에게 명령하기 전에 주의를 산만하게 하는 것은 모두 없앤다. 부모가 하기 쉬운 일반적인 실수는, 아동이 TV를 보거나 게임을 하는 동안 지시를 하려고 하는 것이다. 흥미로운 것에 사로잡혀 있을 때 아이들이 부모에게 주의를 기울이기는 어렵다. 따라서 어떤 명령을 하기 전에 주의를 산만하게 하는 것을 정리하거나 하던 일을 잠시 멈추라고 말해야 한다.

둘째, 아이가 부모의 말에 주의를 기울이고 있는지를 확인하고, 그렇지 않다면 먼저 아이의 주의를 끌고 시선을 마주친다. 약간 큰 소리로 이름을 불러 주의를 끌면 된다.

셋째, 부모가 의미하는 바를 확실하고 간결하게 전달한다. 또한 한꺼번에 여러 가지 명령을 하지 말고, 중요한 한 가지 명령에 초점을 맞춘다.

넷째, 아동이 꼭 따라야 하는 명령은 다소 사무적인 목소리로 말하는 것이 좋다. 이때는 아동의 동의를 구하기보다는 "이제 저녁 먹을 시간이니까 손을 씻고 오너라"라는 식으로 더욱 직접적인 말을 사용하는 것이 좋다. 단호해야 하지만 그렇다고 호통을 치거나 언성을 높이지는 말아야 한다.

다섯째, 아이가 명령을 들었는지, 이해했는지를 확인할 수 없을 때는 아이에게 명령한 것을 반복하게 한다. 그렇게 함으로써 주의가 산만한 아이가 명령에 따를 가능성을 증가시킬 수 있다.

여섯째, 일의 마감기한을 정한다. 지시한 일을 하는 데 얼마나 시간이 걸릴지를 계획하고 타이머를 조절해서 정확히 언제까지 일을 마쳐야 하는지 아이가 알 수 있도록 한다. 예를 들어, "이제 양치질할 시간이다. 10분 안에 이 일을 끝마쳐야 한다. 내가 10분 후로 타이머를 맞춰놓겠다"라고 말해준다.

4) 교육적 처벌

(1) 처벌의 효과

아동의 품행이 나쁘거나 순종하지 않을 때 흔히 벌을 주게 되는데, 여기에는 많은 기술이 필요하다. 벌을 주는 목적이 어른의 화를 풀기 위해서라면 아동에게는 악영향을 줄 뿐이다. 벌을 주는 진짜 목적은 아동의 반항행동이나 불복종, 나쁜 행동들을 못하게 하려는 것이다. 물론 말로 설명하고 보상을 통해 이런 행동을 감소시키는 것이 가장 좋지만, 그것이 잘 되지 않을 때나 좀 더 강력한 효과를 위해서는 처벌과 보상을 같이 사용할 수 있다.

처벌이라고 하면 매를 때리거나 벌을 세우는 체벌과, 소리를 지르고 욕을 하는 것 등의 언어적인 처벌을 들 수 있다. 또 아동의 권리를 뺏는 것도 처벌의 일종이다. 매를 들면 그때 당

4. 행동수정기법 ✳ **145**

시는 아이가 말을 듣는 것처럼 보이고 효과가 즉시 나타나기 때문에 부모나 교사는 이런 처벌을 흔히 사용한다. 하지만 어쩌다가 한 번은 효과가 있을지 모르지만 상습적으로 체벌을 하면 여러 가지 부작용이 나타난다.

① 체벌의 부작용

첫째, 눈앞 효과뿐이어서 매를 대는 사람이 있을 때에만 행동을 억제하게 된다. 예를 들어, 매를 대는 아버지 앞에서만 나쁜 행동이 없어지고 할머니나 친구들과 있을 때는 계속 그런 행동을 한다.

둘째, 매에 익숙해진다. 처음 한 번 매를 대기 시작하면 그것이 편리하기 때문에 자꾸만 매를 들게 된다. 그러면 아동도 매에 익숙해져서 아무렇지도 않게 생각할 수 있다. 이처럼 매가 처벌로 작용하지 못한다면 행동도 변할 수 없다.

셋째, 적개심이 생긴다. 매를 맞거나 욕을 먹으면 자신의 잘못을 뉘우치기보다는 처벌하는 사람에게 적개심과 분노를 갖게 된다. 특히 처벌이 부당하게 느껴지면 더욱 그렇다. 이렇게 되면 결국 인간관계를 해치고 신뢰감을 떨어뜨리기 때문에 더욱더 말을 안 듣게 만든다.

넷째, 아동이 공격성을 모방할 수 있다. 부모가 자주 매를 들게 되면, 아동도 화가 날 때 남을 때리거나 물건을 부수는 공격행동을 보일 수 있다.

다섯째, 자존감이 낮아진다. 매를 맞거나 욕을 먹는 일이 잦아지면 아동의 자기가치감이 떨어지고, 그다음부터는 자포자기식의 행동을 보이기 쉽다. "바보"라는 소리를 자주 듣는 아이는, 자기는 바보로 취급당하니까 바보처럼 행동하는 것이 당연하다고 생각한다.

여섯째, 무력감에 빠진다. 나쁜 성적을 받아왔을 때 야단을 맞는 아이는 공부와 처벌이 연합되어 공부 자체가 싫어질 수 있다. 그러면 공부를 더 안 하게 되고 결국 성적은 더 떨어진다.

이런 부작용들 때문에 아동의 자존심을 깎아내리는 체벌이나 언어적 처벌은 삼가는 것이 좋다. 부득이 처벌을 해야 하는 상황에서는 교육적인 처벌을 해야 한다.

② 교육적인 처벌을 위한 원칙

처벌에 대해 부모와 자녀가 서로 합의해서 결정한다. 부당한 처벌이 이루어지지 않도록 미리 특정한 행동에 대해 어떤 종류의 처벌을 받을 것인지를 아동과 계약을 맺고 문서화해 두는 것이 좋다. 이 방법은 아동의 나쁜 버릇을 고치기 위해 교육적인 처벌을 할 수 있게 한다. 또한 처벌에 대해 약속했으면 일관성 있게 처벌이 이루어져야 한다.

가혹한 처벌은 절대 피해야 한다. 부모가 몹시 화가 난 상태에서 처벌하면 필요 이상으로 가혹한 처벌이 된다. 이는 아동의 적개심을 키워주므로 조심해야 한다. 특히 뺨이나 머리를 때리는 것은 모욕을 주는 행동이므로 절대 피해야 한다. 학생이 부모나 교사를 폭행하는 일은 대부분 이런 상황에서 일어난다.

부모의 감정에 따라 처벌하지 말아야 한다. 부모가 기분이 좋을 때는 처벌하지 않다가 기분이 나쁠 때는 사소한 잘못에도 아동을 처벌하는 경우가 많다. 처벌은 아동의 교육을 위한 것이므로 부모의 기분과는 상관 없이 일관성 있게 행해져야 한다.

처벌하는 경우에는 사람 자체를 처벌하지 말고 특정한 행동에 대해 처벌해야 한다. 아동의 잘못에 대해 "넌 나쁜 놈이다" 하는 식으로 말하기보다는 "네가 동생을 때리는 것은 나쁜 짓이다"라고 말하면서 그 행동에 대해 처벌해야 한다.

(2) 잘못된 행동에 대해 벌점 부과하기

앞에서 언급한 스티커나 점수체계에 익숙해진 후에는 이를 이따금씩 징벌의 형태로 사용할 수 있다. 부모의 지시를 따르지 않거나 나쁜 행동을 했을 때 벌점을 받도록 아동과 계약을 맺는 것이다. 예를 들어, 식후에 양치질을 하면 보상점수를 주지만 양치질을 하지 않으면 점수합계에서 몇 점을 빼는 식이다. 그러나 모든 행동에 대해 벌점을 주는 것은 피해야 한다.

나쁜 행동에 대해 벌점을 사용할 때, 지나치게 무거운 벌점을 매기거나 너무 자주 벌점을 주지 않도록 조심해야 한다. 만약 아동에게 너무 자주 벌점을 주면 점수제 프로그램에 매력을 느끼지 못하게 된다. 처벌보다는 보상이 더 커야 한다는 것을 항상 명심해야 한다.

(3) 타임아웃생각하는 의자

아동의 문제행동은 보상과 벌점 제도를 잘 사용하면 대부분 개선된다. 그러나 그런 것들을 도입해도 문제행동이 개선되지 않는다면 타임아웃을 사용해보자. 타임아웃은 버릇없는 행동이나 나쁜 행동에 대한 처벌로, 아이를 조용하고 격리된 장소에서 일정한 시간 동안 있도록 하는 것이다. 어떤 것도 하지 못하게 하는 것이 처벌로 작용하는 것이다. 이때는 부모가 흥분하지 말고 침착하고 단호하게 시행해야 한다.

타임아웃을 실시할 때는 단호한 어조로 지시를 하고 다섯까지 수를 센다. 만일 다섯을 셀 때까지도 아이가 명령대로 하지 않으면, 눈을 맞추고 더 단호한 목소리로 "내가 말한 대로 하지 않으면 (구석의 의자를 가리키면서) 저 의자에 가서 앉아있게 할 거야"라고 경고한다. 이런 지시를 한 후 다시 다섯까지 소리 내어 센다. 만일 아이가 5초 안에 말을 듣지 않으면 아이의 손목이나 팔을 잡고 타임아웃 의자로 데려간다.

이런 지시들을 할 때는 아이의 주의를 끌기 위해 다소 크고 단호한 어조를 사용해야 하지만 화를 내서는 안 된다. 아이가 앞으로 안 그러겠다고 하더라도 즉시 의자로 보내야 한다. 만일 아이가 저항한다면 아이의 팔이나 어깨를 꽉 잡아서 의자까지 데리고 간다.

아이를 의자에 앉히고 완고하게 다음과 같이 말한다. "내가 일어나라고 말할 때까지 의자에 앉아있어!" 한 번 이상 말하지 말고, 아이와 언쟁하지도 말아야 한다. 의자에 앉아있는 동안 다른 사람도 아이에게 말을 걸지 못하게 해야 한다. 대신에 부모는 할 일을 계속하면서 눈으로는 아이의 행동을 주의깊게 살필 필요가 있다.

이때 아이는 최소한 5분 동안 의자에 앉아있어야 한다. 아이의 버릇없는 행동이 덜 심각한 경우는 5분, 심한 경우는 10분 이상 실시한다. 나이에 따라 더 오랜 시간을 적용할 수 있다. 최소 시간이 지나면 아이가 조용해질 때까지 기다린다. 이 시간은 수 분에서 한 시간 또는 그 이상이 될 수도 있다. 아이가 조용해지지 않는다면 아이에게 가서는 안 된다. 심지어 아이가 투덜대고 소리를 지르고 크게 울어대더라도 내버려두고, 조용하게 있지 않으면 벌을 받는 시간이 더 늘어난다는 것을 말해준다.

일단 아이가 얼마 동안 조용해지면, 부모와 아이는 부모의 명령을 잘 실행하겠다는 약속을 해야 한다. 이때 아이가 부모의 요구에 동의하지 않으면 계속 의자에 앉아있어야 한다. 아이가 말을 잘 듣게 되면 "내가 말한 대로 하니까 좋구나"라고 부드럽게 말해준다. 타임아웃이 끝난 후에는 아이의 적절한 행동을 주시하고 칭찬한다. 이것은 부모가 아이에게 화난 것이 아니라 아이의 버릇없는 행동에 화가 났음을 알려주는 것이다.

① 타임아웃 의자는 어디에 놓는 것이 좋은가?

타임아웃 의자는 외부 자극이 없는 조용한 곳에 놓아두어 거기서는 다른 일은 아무것도 할 수 없고 아이가 자기 행동에 대한 반성만을 할 수 있도록 한다. 근처에는 가지고 놀 만한 것이 없어야 하고, TV도 볼 수 없어야 한다. 대개는 부모가 할 일을 하면서 아이를 지켜볼 수 있는 부엌이나 현관의 구석자리, 다른 사람들이 사용하지 않는 거실의 구석을 사용한다. 그러나 지하실이나 창고처럼 어린아이가 무서워하는 곳이나 밀폐된 장소는 피해야 한다. 화장실이나 벽장, 아이의 방도 적절하지 않다. 의자를 놓기 어려울 때는 방구석이나 벽을 향해 서 있도록 할 수도 있다.

② 아이가 부모의 허락 없이 의자를 떠난다면

많은 아이가 타임아웃이 처음 사용될 때는 시간이 다 지나기도 전에 의자에서 일어나려고 하면서 부모의 권위를 시험해보려 한다. 일반적으로 아이의 양쪽 엉덩이가 의자에서 떨어지면 의자에서 떠난 것으로 간주한다. 의자를 흔들거나 툭툭 치는 것도 의자에서 떠난 것으로 간주한다. 이럴 때는 아이에게 주의를 주어야 한다. 타임아웃이 잘 적용되려면 초반에 단호하게 시행해야 한다.

아이가 처음 의자를 떠나면 아이를 다시 의자에 앉히고, 크고 완고한 목소리로 "다시 한 번 의자를 떠나면 5분 동안 더 앉아있게 할 거야!"라고 말한다. 아이가 다시 의자를 떠나면 아이를 의자로 돌려보내고 타이머를 5분 후로 맞춘다. 그래도 계속 의자를 떠나려고 하면 아이를 의자에 앉히고 등 뒤에 서서 적당한 압력으로 아이의 어깨를 눌러 움직이지 못하게 한다. 이때 신체적 고통을 주거나 해를 입혀서는 안 된다.

③ 타임아웃의 어려움을 예상하고 이에 대처하자

어떤 아이들은 처음 타임아웃을 당하면 매우 흥분한다. 감정이 상해서 화를 내거나 소리를 질러댈 수도 있다. 그러면 부모는 대부분 타임아웃을 포기해버린다. 그러나 이렇게 하면 단지 타임아웃 시간만 늘어나게 된다는 것을 아이에게 가르쳐야 한다. 처음에는 아이가 조용해지고 부모가 요구한 대로 따르는 데 30분이나 한두 시간이 걸릴 수도 있다. 그러나 초기에 단호하게 시행하면 점차 아이는 타임아웃을 받을 것이라는 경고만으로도 행동을 조절할 수 있게 되고, 결과적으로 타임아웃의 횟수는 줄어들게 될 것이다. 그러나 그렇게 되기까지 몇 주가 걸릴 수도 있다. 타임아웃을 실시하는 첫 주 동안 부모는 아이를 미워하거나 해치려는 것이 아니라 나쁜 행동이나 습관을 고치려고 하는 것이라고 설명해주어야 한다.

대부분의 부모는 자녀가 여러 번씩 자신의 요구를 무시하면 화를 낸다. 아이가 복종하지 않는 것에 대해 몹시 화가 나고 흥분된다면 부모가 아이에게 너무 자주 많은 요구사항을 반복하는 것이 아닌지 반성해보아야 한다. 이런 형태의 상호작용이 너무 오랫동안 이루어져서 부모와 자녀 모두 화가 쌓여 있을 수 있다.

부모가 부당하거나 너무 어려운 요구를 자녀에게 하지 않는가? 예를 들어, 자녀는 숙제만 하고 놀아도 된다고 생각하는데 부모는 숙제 이외에 서너 가지 공부를 더 시키려고 하지 않는가? 자녀가 지키기에 부담스러운 과제를 많이 부과하지 않아야 한다. 다른 아동들이 하는 만큼 시켜야 한다는 생각에서 벗어나자.

부모가 쉽게 우울하고 불안해지는가? 화가 벌컥 나는가? 부모의 이런 정서 상태는 자녀에게 지나치게 적대적이고 부당한 대우를 하게 할 수 있다. 이럴 때는 전문가와 상담하고, 필요하다면 부모가 치료를 받아야 한다.

④ 타임아웃을 시행할 때 주의사항

명백하게 나쁜 행동이 아니라면 타임아웃을 적용하지 않는다는 원칙을 세우고, 타임아웃을 적용하는 경우 여러 가지 나쁜 행동보다는 한 가지 문제에 대해서만 적용한다. 그 문제가 해결되고 나면 다른 행동을 수정하는 데 적용할 수 있다. 또한 타임아웃은 스티커나 점수제도 같은 보상 절차와 병행해서 실시해야 한다.

아이가 화장실에 가거나, 물을 마시거나, 음식을 먹기 위해 타임아웃 의자를 떠나는 것을 허용해서는 안 된다. 화장실에 가는 것이 벌칙을 피하기 위한 것이라면 허용해서는 안 된다. 그러면 다음에도 화장실에 계속 가려고 할 것이다. 또 벌칙으로 인해 식사시간을 놓쳤다고 특별한 간식을 준비하면 안 된다. 타임아웃이 효과적이기 위해서는 아이가 의자에 있으면서 원하는 것을 할 수 없다는 것을 배워야 하기 때문이다. 이런 경우는 타임아웃 의자에서 식사하게 할 수도 있다.

벌을 받으면서 아동은 부모가 밉다는 등의 말을 하기도 한다. 이를 통해 부모를 조종하려고 하는 것이다. 이때는 벌을 받는 동안은 아동이 아무 말도 하지 못하게 막아야 한다. 그리고 타임아웃을 하는 것은 아동이 미워서가 아니라 더 잘 가르치기 위해서라는 것을 미리 납득시켜야 한다.

아동이 몸이 아프다는 잔꾀를 부릴 수도 있다. 그러나 타임아웃을 하는 동안 부모가 동정심을 보이면 타임아웃의 효과를 기대하기가 어려워진다. 심각하게 몸 상태가 나쁜 것이 아니라면 무시해야 한다. 그리고 얌전하게 벌을 받고 부모의 지시를 따르겠다고 약속하면 타임아웃이 빨리 끝날 수 있음을 상기시켜 준다.

타임아웃을 받는 동안 어떤 아동은 노래를 부르거나 손가락 장난을 하기도 한다. 그때는 조용히 앉아 자기 행동을 반성하지 않고 딴짓을 하면 타임아웃 시간이 더 길어진다는 것을 알려주어야 한다.

타임아웃을 적용하는 초반기에는 집에서만 이런 처벌 절차를 사용하지만, 아동이 타임아웃에 대해 알게 되면 집 밖에서도 타임아웃을 받을 것이라고 경고하는 것만으로도 행동통제에 효과가 있다. 실제로 밖에서도 조용한 장소에서 타임아웃을 시킬 수 있다. 그것이 불가능하면 나중에 집에 가서 타임아웃을 받을 것이라고 경고한다.

타임아웃 때문에 부모와 자녀 사이가 나빠지지 않게 조심하자. 이 절차는 단호하게 실시해야 하지만 너무 자주 사용하면 문제가 생긴다. 타임아웃이 끝나고 나면 아이에게 벌을 받은 이유를 자세히 설명해주고, 아이가 미워서가 아니라 나쁜 버릇을 고치기 위한 것이라고 꼭 말해준다. ◆

5. 자기통제력 키우기

1) 체계적이고 단계적으로 생각하기

ADHD 아동의 특징 중 한 가지는 깊이 생각하지 않고 충동적으로 행동하는 것이다. 이들은 마치 자기 행동의 결과가 어떨지에 대해 생각하지 못하는 것처럼 보인다. 이 때문에 공부할 때도 쉬운 문제를 틀리고, 대인관계에서도 차분하게 대화하기보다는 불쑥 끼어들거나 쉽게 화를 낸다.

이런 문제를 해결하기 위해 단계적으로 생각하는 방법을 훈련시켜야 한다. 이 방법은 덤벙대고 실수를 잘하는 어른에게도 도움이 된다. 자녀에게 이것을 가르치려면 먼저 부모가 이 방법을 숙달하고 실제 생활에서 실천하는 모습을 보여 모방학습의 기회를 주는 것이 효과적이다. 사려깊게 생각하기 위해서는 다음의 4단계를 거쳐야 한다. 4단계를 아이들이 좋아하는 동물 만화 그림으로 그려서 잘 보이는 곳 여기저기에 붙여두면 좋다(신현균, 2002).

1단계: 문제가 뭐지?

2단계: 어떻게 해야 하나? (계획 세우기)

3단계: 계획대로 세심하게 실천하기

4단계: 계획대로 되었는지 확인하기

[그림 1] 4단계로 생각하기

출처: 신현균(2002).

'4단계로 생각하기'를 잘 익히려면 우선 4단계로 생각하기를 연습하는 이유를 아동에게 설명해주고 아이에게 강요하기보다는 재미있게 익힐 수 있게 한다. 처음에는 '말하면서 생각하기'를 연습한다. 즉, 크게 소리 내서 4단계를 외운다. 부모가 먼저 4단계를 소리 내서 외우는 시범을 보이는 것도 좋다. 아동에게 한 단계씩 따라하도록 하여, 나중에는 아이가 혼자서 4단계를 외워보게 한다. 4단계로 생각하는 것이 습관화되면 마음속으로 4단계를 생각한다.

처음에는 4단계를 재미있게 배우게 하기 위해 퍼즐이나 놀이를 활용해 연습시킨다. 즉, 숨은 그림 찾기, 두 그림에서 다른 부분 찾기, 미로 찾아나가기, 지시대로 동작하기, 종이접기, 조각 퍼즐 맞추기 등의 다양한 퍼즐과 게임을 실수 없이 잘 할 수 있도록 4단계를 적용하게 한다(신현균, 2002).

이런 연습을 통해 4단계법이 숙달되면 방을 정리하거나 준비물을 챙기는 데 적용해볼 수 있다. 또 실수를 많이 하는 과목을 공부하거나 시험을 보는 데도 적용해본다. 4단계로 생각함으로써 자신의 행동을 미리 계획할 수 있어 실수를 줄이고 충동적인 행동을 방지할 수 있다는 것을 아동이 깨닫도록 도와주어야 한다. 이를 위해 아동이 4단계를 잘 적용하면 보상을 주는 것을 잊지 말아야 한다.

예를 들어, 산수 문제를 풀 때 문제를 잘 읽지 않고 뺄셈 문제를 덧셈으로 계산하는 아이에게 4단계로 생각하기를 연습해서 실수를 줄일 수 있다는 것을 가르쳐보자.

1단계: 산수문제를 틀리지 않고 잘 풀기
2단계: 먼저, 문제를 처음부터 끝까지 잘 읽는다. 그러고 나서 한 자리씩 계산해서 쓴다. 한 문제가 끝날 때까지 다음 문제로 넘어가지 않고 그것에만 신경 쓴다.
3단계: 2단계에서 계획한 대로 실행한다.
4단계: 계획이 무엇이었는지 생각해보고 그대로 문제를 풀었는지 확인한다. 즉, 문제를 잘 읽고, 한 자리씩 계산하고, 한 문제씩 차례로 풀었는지 확인한다.

이 방법을 적용하면 어떤 일을 하거나 문제를 푸는 데 시간이 오래 걸린다. 충동적으로 생각하지 않고 4단계나 거쳐야 하기 때문이다. 그래서 이 방법을 처음 적용해본 부모들은 속도가 느려지기 때문에 답답하고 효율성이 떨어진다고 생각하고 쉽게 포기해버린다. 그렇지만 ADHD 아동의 문제는 속도가 아니라 정확성이다. 속도가 좀 느려지더라도 충동적이지 않고 차분하게 그리고 정확하게 문제를 해결하는 방법을 가르칠 필요가 있다. 이 방법이 익숙해지면 나중에는 자동적으로 4단계로 생각할 수 있게 되어 속도도 차츰 빨라진다.

2) 일단 멈추고 생각한 후 행동하기

아동의 충동적인 행동을 줄이기 위해 사용할 수 있는 또 다른 방법으로 '멈추고 생각하기'가 있다. 이 방법은 '4단계로 생각하기'와 비슷한 면이 많다. 아무 생각 없이 행동하고 나서 결과가 나쁜 경우를 예방하기 위해 이 방법을 쓸 수 있다. 특히 다른 사람에게 공격적인 행동을 하거나 수업을 방해하거나, 공공장소에서 남에게 피해를 주는 행동을 줄이는 데 효과적인 방법이다. 그 과정은 다음과 같다.

1. 먼저, 어떤 행동을 하기 전에 "중지" 혹은 "스톱"이라고 외친다. 처음에는 소리 내어서 하다가 익숙해지면 마음속으로 말한다.
2. 문제 상황을 정의한다. 즉, 지금 문제가 무엇인지 생각한다.
3. 문제를 해결하기 위한 방법을 다양하게 생각한다.
4. 각각의 해결 방법에 대해 결과를 예상해본다.
5. 그중에 가장 결과가 좋은 최선의 방법을 선택한다.

아동이 친구들을 때리거나 괴롭힐 때 이 방법을 연습시켜보자.

1. 친구를 때리고 싶을 때 스스로 "중지"라고 외친다.

2. 지금 무엇이 문제인지 생각한다. 화가 나서 친구를 때리려는 것이 문제일 수 있다.

3. 화가 난 것을 풀려면 어떻게 해야 하는지 여러 가지 방법을 생각한다.

   a. 무조건 내가 참는다.

   b. 친구에게 욕을 하거나 때린다.

   c. 도망가거나 피한다.

   d. 왜 화가 났는지를 친구에게 말한다.

4. 위의 4가지 해결 방법을 사용했을 때 각각 어떤 결과가 올지 각 결과의 장단점을 모두 생각한다.

   a. 무조건 참으면 싸움을 안 해도 되고 참을성이 키워진다. 그러나 화가 풀리지 않고 기분이 계속 찝찝한 상태에 있게 된다.

   b. 욕하거나 때리면 내 기분이 후련해진다. 그러나 친구를 아프게 하고 친구와의 사이가 나빠진다. 친구가 나중에 복수하거나 선생님께 야단맞을 수도 있다.

   c. 도망가거나 피하면 싸움을 안 해도 된다. 하지만 화가 풀리지 않고 문제가 해결되지 않는다. 또 비겁하게 보일 수 있다.

   d. 왜 화가 났는지 말하면 내 기분을 표현할 수 있고 친

구와 대화를 통해 문제를 해결할 수 있다. 반면에, 친구의 말도 들어주어야 하니까 시간이 오래 걸리고 내가 양보해야 할지도 모른다.

5. 위의 4가지 해결 방법을 선택했을 때 나타날 결과들을 각각 고려해본 후 가장 좋은 방법을 선택한다.

이 방법을 사용하면 충동적인 행동이나 실수를 많이 예방할 수 있다. 그렇지만 아동이 화가 난 상황에서 이렇게 체계적으로 생각하기는 쉽지 않다. 따라서 이 방법을 평소에 자주 연습시켜야 한다. 아동이 친구와 싸우고 왔을 때 무조건 야단을 치기보다는 다음에 비슷한 일이 생겼을 때 더 잘 대처하도록 이 방법을 연습시키는 것이 효과적이다. 따라서 부모의 인내심이 필요하다.

3) 학업문제 완화를 위한 조직화 훈련

ADHD 아동의 주된 문제 중 하나는 무엇을 해야 할지는 알지만 그것을 실천하기가 어렵다는 것이다. 그래서 해야 할 일을 제시간에 하지 못하고 미룬다. 또 시간에 쫓겨서 대충 해버리기도 한다. 그런 습관이 들면 스스로 시간 관리를 제대로 하지 못해 생활 자체가 무질서하고 무계획적으로 된다. 그래서 부모는 매일같이 숙제를 시키고 할 일을 하라고 명령해야 하기 때문에 매우 피곤해진다. 아동도 다른 사람이 자신의 생활을 지배한다고 느끼게 되어 자율성과 책임감이 자라나지 못한다.

자기통제가 잘 안 되는 아동에게는 외부적인 구조를 만들어주어야 한다. 이를 위해 공부방을 단순하게 정리하고 책상에는 주의를 분산시키는 모든 물건을 안 보이게 치우는 것이 좋다. 또한 생활계획표를 사용하는 습관을 들이는 것이 필요하다. 계획표를 짜고 그것을 지킴으로써 자기의 생활을 스스로 통제하고 조직화하며 시간을 효율적으로 사용할 수 있다. 처음에는 부모가 아동과 함께 계획표를 짜고 그것이 잘 되면 아동 스스로 계획표를 짜서 그대로 지키도록 격려한다. 이때 다음 사항들을 염두에 두어야 한다.

머릿속에 매일의 계획표를 갖고 있을 수는 있지만, 그것은 계속 변하고 쉽게 잊어버릴 수 있다. 따라서 글로 써서 눈에 띄기 쉽게 해야 한다. 5~10분 정도의 시간을 내서 계획표를 만들면 하루에 2~3시간을 절약할 수 있다. 처음에는 계획표를 사용하는 것이 어색하고 귀찮게 느껴지지만 금방 익숙해지고 쉬워진다. 계획표는 아동 스스로 짜는 것이 원칙이다. 그래야 자신에게 한 약속을 지켜야 한다는 책임감이 생긴다. 노트, 타이머, 스티커도 미리 준비한다. 부모가 옆에서 아동을 도와주고 보상을 주는 것은 좋지만, 지나치게 간섭을 해서는 안 된다. ADHD 성향을 가진 청소년에게 목표설정, 시간관리, 조직화 및 계획하기 등을 훈련한 결과 자기조절학습능력과 성적이 향상되었다는 연구결과가 있다(김윤희, 서수균, 권석만, 2011).

(1) 생활계획표 만들기

계획표 노트를 준비하여 오늘 할 일을 중요한 순서대로 쓴다. 순위를 정하면 할 일이 많아도 거기에 압도당하지 않는다. 그리고 덜 중요한 것은 포기할 수도 있다. 각각의 할 일에 대해 시작 시간과 끝낼 시간을 써서 마감시간을 정해놓는다. 계획표에 적은 순서대로 계획된 시간에 실천하고, 이때 타이머를 사용한다.

일을 끝낼 때까지 철저히 한 번에 한 가지씩만 해야지, 이것저것 하면 집중을 방해하고 일의 효율성을 떨어뜨린다. 만약에 한 가지 일을 하는 도중에 다른 할 일이 생각나면 일단 계획표 밑에 써놓고 하던 일을 계속한다. 한 가지 일이 끝나면 잠시 쉬고 아동이 스스로에게 보상을 제공하도록 하는 것이 좋다. "내가 잘 해냈어"처럼 스스로를 칭찬해주어야 한다. 쉬는 동안 칭찬과 격려, 다과를 제공한다.

하루 일과가 끝나면 그날의 계획표에 얼마나 충실했는지 부모와 아동이 함께 평가한다(잘한 것은 ○, 반쯤 한 것은 △, 못한 것은 ×

로 표시한다. 이런 평가를 기초로 스티커나 점수제를 도입해 보상을 준다. 잘 안 된 부분은 원인을 찾아보고, 다음 계획표를 짤 때는 더 잘 지킬 수 있도록 짠다.

(2) 일일계획표를 사용할 때 주의할 점

계획표는 너무 길거나 지키기 어렵게 짜면 안 된다. 처음에는 공부시간을 조금만 넣어서 계획표대로 잘 지킬 수 있게 해야 성취감을 느끼고 계속 계획표를 짜게 된다. 또한 노는 시간이나 TV 보는 시간도 계획표에 포함시킨다. 이는 계획표가 아동에게 의무감과 부담감만 주는 것으로 인식되지 않도록 하기 위해서다.

해야 할 일은 쌓아놓고 미루지 말고, 계획표에 적힌 시간에 반드시 한다. 숨을 한 번 깊이 쉬고 나서 가장 중요한 일부터 시작한다. 시작하기 전에 시간을 질질 끌지 않는다. 마감시간은 아동 스스로 정하게 한다. 큰 과제는 몇 개의 작은 부분으로 나누고, 각 부분에 대해 마감시간을 정한다.

완료한 과제는 다른 과제를 시작하기 전에 다시 한 번 검토한다. 이는 실수를 찾아서 수정할 기회를 준다. 이때 가까운 주변 사람이나 부모의 코치가 필요하다. 코치의 역할은 계획표를 잘 지키도록 격려해주고, 계획표를 함께 짜고 매일매일 체크하고 보상을 주는 것이다.

4) 사회적 기술 훈련

ADHD 아동은 주의가 산만하고 충동적인 경향 때문에 다른 사람에게 버릇없고 예의없는 행동을 많이 하게 된다. 이들은 흔히 남의 말을 귀담아 듣지 않아 엉뚱한 말을 하는 등 대화가 안 된다. 또 남의 의견을 존중하지 않고 자기 주장만 하거나 다른 사람들이 이야기할 때 불쑥불쑥 끼어들어 대화를 방해한다. 그러다가 마음대로 되지 않으면 소리를 크게 지르거나 욕을 하고, 차례를 지키지 않고 남보다 먼저 하려고 하며, 남이 듣기 싫어하는 말들을 서슴없이 한다. 친구들을 놀리거나 괴롭혀 친구들에게 따돌림당하고 친구가 없다.

이처럼 또래나 어른과의 관계에서 무례한 행동 때문에 성격이 나쁜 아이로 취급받기 쉽다. 이런 아동의 경우 대인관계 기술을 충분히 배우지 못해서 그럴 수도 있고, 그런 기술은 있지만 실행에 옮기지 못하는 경우도 있다. 이는 앞에서 언급한 자기통제나 자기조절이 부족한 데에서 기인한 것으로 이런 경향은 청소년기까지 이어진다(김민주, 하은혜, 2013).

ADHD 아동의 사회적 기술을 향상시키기 위해서는 대화 방법, 감정처리 방법, 또래와의 관계에서 흔히 일어나는 갈등을 잘 해결하는 기술, 친구를 사귀는 기술, 교실에서 규칙 준수하기 등을 교육해야 한다(McGinnis & Goldstein, 1984). 이

내용을 치료자나 부모, 교사가 개인적으로 가르칠 수도 있지만 소집단에서 직접 체험하는 것이 가장 효과가 좋다. 6~8명의 소집단을 만들어 다양한 상황을 설정하고 역할연기를 한 후 토의하는 방식을 사용할 수 있다.

먼저, 가르칠 사회적 기술을 명확하게 정한다예: 인사하기 기술. 그리고 부모나 교사가 모델이 되어 바람직한 기술을 시범 보인 후 서로 역할을 바꾸어가면서 역할연기를 해본다. 그런 다음에 이렇게 배운 기술을 실제 상황에서 연습해보게 하고 아동이 배운 기술을 잘 활용하면 보상을 준다. 이런 기술을 익히는 데 있어서 앞에서 언급한 4단계 방법이나 멈추고 생각한 후 행동하기 같은 인지적 방략을 활용하는 데 더해 행동시연과 보상을 제공해야 더 효과적이다(Miller & Hinshaw, 2012). 몇 가지의 규칙은 써서 잘 보이도록 붙여놓는다이번 주 규칙의 예: 남의 말을 끝까지 들어주기, 말을 천천히 또박또박 하기, 화가 날 때 때리지 않고 대화하기 등.

(1) 기본적인 대화 기술

"나와 다른 사람의 권리를 존중하자"는 것이 사회적 기술의 기본 규칙이다. 이를 위해 비언어적 기술, 듣기 기술, 말하기 기술을 익혀야 한다. 이는 앞에서 다루었던 부모의 효과적인 의사소통 기술과 많이 중복되는 것으로, 부모와 아동이 함께 꾸준히 연습하는 것이 좋다.

먼저, 비언어적 기술에는 상대방을 향해 부드러운 시선을 보내고 똑바른 자세를 유지하기, 미소 띤 표정 짓기, 손은 팔짱을 끼지 말고 아래로 내려놓고, 손발을 많이 움직이지 않기 등이 포함된다. 듣기 기술에는 주의를 집중해서 상대방의 말을 들어주고 듣는 동안 고개를 끄덕이거나 "음, 음" 등의 표현으로 상대방의 말을 이해한다는 것을 나타내기, 상대방의 말을 중간에 끊지 말고 말할 시간을 충분히 주고 기다려주기, 먼저 상대방의 입장에서 이해하려고 노력하고 이해가 안 될 때는 부드럽게 질문하기 등이 포함된다.

말하기 기술에는 고음이나 큰 소리로 말하지 말고 상대방이 알아듣기 쉽게 천천히 명확하게 발음하기, 입 속으로 우물거리거나 너무 빨리 말하지 않기, 남에게 명령하거나 강요하지 말고 자신의 의견이나 느낌을 말하기 등이 포함된다. 예를 들어, "내 생각에는…" 혹은 "내 느낌은…"이라고 말한다. 또한 상대방의 잘못에 대해 비난하거나 놀리거나 무시하는 말을 하지 않기, 말하기 전에 상대방의 기분을 먼저 생각하고 조심스럽게 말하기, '나 전달법'을 사용해서 나의 현재 느낌, 생각, 바람을 진지하게 전달하기 등도 연습이 필요하다.

(2) 감정 처리하기

감정 처리 기술에는 자기 감정을 정확하게 알기, 자기 감정을 효과적으로 표현하기, 다른 사람의 감정을 이해하기, 다른 사람을 배려하기, 남에게 관심과 애정을 표현하기 등이 포함된다. 특히 분노와 공격성 등의 부정적 감정을 처리하는 기술은 반복 연습이 필요하다. 즉, 분노ʹꜛ를 적절히 처리하기, 남이 괴롭힐 때 반응하기, 싸우지 않고 문제해결하기, 자기 잘못을 받아들이기, 야단맞을 때 대처하기, 협상하기 등을 배워야 한다. 다음 몇 가지는 특히 중요한 사회적 기술이므로 다양한 상황을 설정하여 연습하는 것이 필요하다.

① 화날 때

천천히 10까지 센다. 침착해지기 위해 멈추고 생각하는 데 10초 정도의 시간이 필요하다. 내가 왜 화가 났는지를 생각하고, 어떻게 행동할지 계획을 세운다4단계로 생각하기나 멈추고 생각하기 방법을 참고하라. 왜 화가 났는지 상대방에게 차분하게 말한다. 화가 안 풀릴 때는 적어도 2, 3분 동안 상대방과 떨어져 있는 것이 좋다.

② 남이 괴롭힐 때

자신의 느낌과 바람을 진지하게 말한다. "그러지 마" "싫어"라고 분명하게 표현한다. 말로 안 되면 일단 피하고 해결책을 생각한다. 보다 적극적인 방법은 다른 좋은 일을 함께하는 것이다. "그러지 말고, 나랑 이거 같이 하지 않을래?"라고 제안할 수 있다. 혼자 힘으로 해결하기 어려우면 부모님이나 선생님과 상의한다.

③ 다른 사람이 화났을 때

상대방이 왜 화가 났는지 말하면 그 얘기를 끝까지 들어주고, 화난 이유를 말하지 않으면 왜 화가 났는지를 공손하게 묻는다. 만약 상대방의 말이 옳고 내가 잘못했다면 정중하게 사과하고, 상대방이 오해를 하고 있다면 자신의 입장을 자세하게 설명해서 오해를 풀어준다. 상대방이 매우 화가 났을 때는 화가 가라앉을 때까지 잠시 기다린다. 그럴 때는 "화를 가라앉히고 나서 다시 얘기하자"고 말한다.

(3) 친구관계 기술

친구를 사귀는 기술에는 기본적인 대화방법, 대화 시작하기와 끝내기, 놀이나 게임의 규칙 따르기, 차례 기다리기, 남에게 공손하게 부탁하기, 친구를 도와주기, 남을 칭찬하기, 칭찬을 받아들이기, 잘못했을 때 사과하기 등이 포함된다.

특히 타인의 감정을 공감하고 배려하는 방법을 배워야 좋은 관계를 형성할 수 있다. 남을 잘 배려하려면 다른 사람의 비언어적인 표현을 알 수 있어야 한다. 일단 상대방을 자세히 보면 표정이나 자세에서 슬픔이나 분노 등이 나타난다. 그 사람이 어떻게 느끼는지 생각하고 행동해야 한다. 상대방은 슬퍼하는데 자기는 신나는 노래를 부른다면 상대방을 배려하지 못하는 것이다. 이렇게 상대방의 감정을 이해하려고 노력하고, 이해했다는 것을 표현해준다. "슬퍼 보이는데, 무슨 일이 있니? 내가 도와줄 일은 없니?" 하고 부드럽게 질문하고 그 사람의 감정 상태에 맞게 위로해주는 것을 연습한다.

(4) 교실에서의 사회적 기술

학교생활에 잘 적응하기 위해서는 학교와 교실에서 지켜야 하는 규칙을 준수하도록 교육하는 것이 필요하다. 수업 시간에 자리에 앉아있기, 수업을 방해하는 소음 내지 않기, 움직이고 싶을 때는 고무공을 손에 들고 주무르기 등을 가르쳐야 한다. 또한 선생님 말씀을 귀담아 듣기, 지시를 이해하기와 따르기, 자신에게 할당된 일 하기, 수업에 적극적으로 참여하기, 수업 준비물을 잊지 않고 챙기는 방법 등을 교육한다.

(5) 스트레스 관리 기술

일상생활의 스트레스를 다루는 기술에는 지루함을 이겨내기, 갈등이 생겼을 때 잘 해결하기, 패배나 실패에 대처하기, 당황할 때 대처하기, 거절당할 때 받아들이기, 남의 부탁을 공손하게 거절하기, 화날 때 긴장 풀기 등이 있다. 특히 우리나라 아동과 청소년의 경우 학업 스트레스가 매우 크기 때문에 ADHD로 인한 부주의와 충동성에서 오는 학업 부진의 문제를 해결하도록 체계적인 문제해결방법과 효율적인 시간 관리법 등을 교육해 자기통제력을 키워주는 것이 중요하다. 이 과정에서 부모, 교사, 또래의 도움을 받는 것도 필요하다. ◆

6. 문제별 대처 방법

다음의 여러 가지 문제는 ADHD 아동이 흔히 보이는 문제다. 이런 문제는 약물치료에 더해 앞에서 설명했던 행동수정기법과 인지치료기법, 사회적 기술을 잘 적용하고 부모의 기본 수칙들을 지키면 대부분 좋아진다. 물론 부모가 자녀에게 가장 효과적인 방법을 창의적으로 찾아내고, 인내심을 가지고 꾸준히 실행에 옮겨야 효과를 볼 수 있다.

1) 주의집중을 잘 못하고 쉽게 주의가 산만해진다

우선 아동의 주의를 끄는 방해자극을 제거해야 한다. 이를 위해 주변 환경을 단순하고 차분하게 만들자. 책상 앞에는 아무것도 보이지 않게 한다. 시끄럽게 TV를 틀어놓고 아동에게 과제에 집중하도록 요구하는 것은 무리다.

또 너무 오랫동안 집중하도록 요구하지 않는다. 다른 아이들이 한 시간씩 앉아서 공부한다고 해서 그것을 강요해서는 안 된다. 아동에 따라서 20분, 30분 단위로 집중하는 시간을 줄여준다.

시간이 오래 걸리는 과제를 한번에 집중해서 해내기는 매우 어려운 일이다. 따라서 큰 과제는 여러 개의 작은 과제로 나누어서 하나씩 하게 한다. 또 아동이 재미없고 지루한 과제를 집중해서 하기는 어려우므로 가능하면 과제를 재미있고 흥미를 끌 수 있게 만들고, 자주 변화를 주는 것이 좋다. 예를 들어, 받아쓰기를 싫어하는 아동에게 좋아하는 노래의 가사를 외우면서 받아쓰게 하면 도움이 된다. 산수를 싫어하는 아동에게 동화책에 나오는 동물의 숫자를 세게 하는 방법을 쓸 수도 있다. 또 다양한 멀티미디어를 활용하는 것도 한 방법이다.

주의집중시간을 가지고 아동과 게임을 하면서 보상을 준다. 먼저, 타이머를 사용해 최대한 얼마 동안 한눈팔지 않고 어떤 일에 주의집중할 수 있는지를 잰다. 이렇게 아동의 주의집중시간을 파악한 후 그 시간을 초과해서 주의집중하면 5분마다 스티커를 하나씩 주는 게임을 할 수 있다. 처음에는 아동이 성취할 수 있도록 짧은 시간에서 시작하다가 차츰 주의집중시간을 조금씩 늘려나간다.

주의를 산만하게 만드는 자극을 제거하는 게임을 정해 게임에서 이기면 보상을 줄 수도 있다. 예를 들어, 숙제를 하는 중에 전화벨 소리나 밖에서 아이들이 떠드는 소리가 들릴 때 주의가 산만해질 수 있다. 그때 손가락으로 총 모양을 만들어 "땅" 하고 총을 쏘아 방해자극을 마음속에서 제거하게 한다. 그리고는 하던 숙제를 계속하면 스티커를 준다.

주의집중한 시간에 대해서는 "15분 동안 한눈팔지 않고 잘 해냈구나"라고 칭찬해준다. 꼭 해야만 하는 과제의 경우에는 지시를 명확하게 하고, 제한시간을 정해놓는다. 나중에는 아동이 혼자 타이머를 사용하고 자신의 주의집중시간을 기록하면서 스스로 시간을 관리할 수 있게 한다.

2) 지적 능력에 비해 공부를 하지 않고 성적이 나쁘다

ADHD 아동은 주의집중을 잘 못하기 때문에 학습장애가 되기 쉽다. 학습장애가 오래 지속되면 기초가 부실해져서 학교 수업을 따라가기가 점점 더 힘들어진다. 게다가 공부 때문에 계속 잔소리를 듣게 되고 부정적인 평가를 받아서 자신감과 의욕이 떨어져 아예 공부를 포기해버리는 경우도 있다. 따라서 문제가 나타나는 초기에 치료를 받아야 한다. 만약 그런 문제가 오랫동안 지속되었다면 부모의 기대를 많이 낮추어서 욕심 부리지 말고 조금씩 향상시키는 것을 목표로 삼아야 한다.

가장 중요한 것은, 공부나 성적 때문에 야단치지 않아야 한다는 것이다. 계속 공부하라는 말에 자녀는 싫증을 내고 성적 때문에 늘 긴장하고 있다. 또 자주 야단을 맞으면 주눅이 들고 자신감이 떨어져서 공부에 더 관심이 없어지게 된다. 공부의 필요성에 대해 부모의 의견을 말해줄 수는 있지만, 강요하거나 야단치는 것은 효과가 없으므로 자녀 스스로 공부하려는 동기를 키워주어야 한다. 그러기 위해서는 아동의 작은 성취에도 보상을 주고, 부모가 스스로 공부하는 모습을 보여주는 것도 좋은 방법이다.

공부 이외의 자녀의 관심 영역을 무시하지 말고 부모도 함께 관심을 갖고 개방적으로 토론한다. 이를 통해 아동이 어떤 분야든 열심히 하고 공부할 의욕을 갖게 된다. 수학이나 영어만 중요하다는 생각은 버리자. 또한 다른 아이들과 비교하지 말고 아동이 가진 독특한 잠재력을 찾아내서 키워준다. 사소한 성취라도 인정하고 칭찬해주면 공부에 관심과 의욕을 갖게 되고 다른 영역으로도 관심이 확장될 수 있다.

오랜 시간 동안 책상 앞에 앉아있는 것이 반드시 좋은 효과를 내는 것은 아니다. 아동이 하기 싫어하면서 억지로 공부하면 대충 하게 되고 스트레스만 받게 된다. 그럴 바에는 차라리 즐겁게 노는 편이 훨씬 낫다. 짧은 시간 동안 공부하되 더 자주 하도록 하고, 자주 휴식시간을 주어야 한다. 그리고 공부할 때 많은 양을 빨리 하는 것을 칭찬하지 말고, 적은 양이라도 깊이 생각하고 성의껏 할 때 보상을 준다. 자주 실수하는 과목에 대해서는 4단계로 생각하면서 문제를 풀도록 연습시킨다.

아동이 일일계획표를 짜서 지키도록 도와주고, 꼭 해야 할 공부에 대해 마감시간을 정한다. 시간을 지키기 위해 타이머를 사용하면 좋다.

아동이 공부나 어떤 일을 할 때 긍정적인 자기지시를 하도록 가르친다. 즉, 스스로에게 "나는 잘할 수 있어" "지금 당장 시작하자" 등의 자기암시를 하게 한다. 아동이 스스로 공부할 때 칭찬과 보상을 더 많이 해준다. 이때 성적이나 결과보다는 아동의 노력에 대해 보상해준다.

3) 숙제를 안 한다

숙제하기의 규칙을 아동과 상의해서 정한다. 예를 들면, TV를 보거나 밖에 나가 놀기 전에 숙제부터 한다, 한 가지 숙제를 끝내면 곧바로 확인하고 즉시 책가방에 넣어둔다, 한 번에 한 가지의 숙제만 한다 등이 있다. 그런 후에 숙제하기 규칙을 지키면 스티커나 점수제를 사용해 보상한다.

아동이 집중을 잘 하는 시간대를 확인하여 그 시간에 숙제를 하도록 하고, 숙제하는 시간을 매일 일정하게 정해서 습관이 되게 한다. 일일계획표 노트에 숙제 목록을 만들어 중요도 순위를 매기고 숙제를 완성하는 데 걸리는 마감시간을 정한다. 숙제 관리 노트는 매일 부모가 확인하고 보상을 주되, 숙제 때문에 지나치게 야단을 치면 안 된다.

4) 공공장소에서 질서를 지키지 않거나 소란을 피운다

자녀를 데리고 상점에 갔을 때 하지 말라고 해도 아동이 물건의 포장을 뜯거나 뛰어다니면 부모는 너무나 당황스러워진다. 식당이나 전철 안, 남의 집을 방문했을 때도 이런 문제가 생길 수 있다. 하지만 부모가 그런 문제 상황을 미리 예측하고 행동 계획을 세운다면 문제는 잘 해결될 수 있다. 외출하기 전에 규칙 지키기 카드, 스티커나 과자, 행동 기록 수첩 등을 준비하자.

공공장소에서 아동이 할 일을 준다. ADHD 아동은 지루한 것을 못 견디기 때문에 무작정 얌전하게 있으라고 요구하는 것은 무리다. 오랜 시간 동안 기차 여행을 할 때나 식당에서는 아동이 흥미를 보일 수 있는 퍼즐 맞추기나 큐빅 같은 것을 미리 준비해간다.

평소에 아동이 그런 상황에서 어떤 문제를 보였는지에 근거해서 아동과 함께 두세 가지 규칙을 정한다. 예를 들어, 상점에서의 규칙은 '엄마 옆에 있을 것' '뛰어다니지 말 것' '물 건을 만지지 말 것' 등이 있다. 그 장소에 들어가기 전에 지켜야 할 규칙들을 말해주고 왜 지켜야 하는지 짧게 설명해준다. 그러고 나서 아동이 이 규칙들을 따라 말하게 한다. 규칙을 써놓은 '규칙 지키기 카드'를 사용할 수도 있다.

아이가 규칙을 잘 따를 수 있도록 보상에 대해 미리 말해준다. 이때 스티커나 점수를 사용할 수 있다. 네 살 이하의 아이의 경우에는 외출할 때 아이가 좋아하는 간식거리를 갖고 가서 규칙을 지키면 줄 수도 있다. 보상은 외출을 마칠 때까지 미루었다가 집에 돌아와 해주는 것보다는 밖에 있는 동안 즉각적으로 주는 것이 좋다. 나이가 어릴수록 오랫동안 기다리는 것을 참아내지 못하기 때문이다. 아이가 규칙을 따르고 있으면 자주 칭찬을 해주어야 한다.

규칙을 따르지 않으면 어떤 벌을 받게 될 것인지 미리 얘기해주어야 한다. 가볍게 말을 안 듣는 경우에는 처음에는 경고를 하고 규칙을 외우게 한다. 그래도 말을 안 들으면 점수나 스티커를 빼앗고, 심각한 정도로 말을 안 듣는 경우에는 타임아웃을 적용한다. 집에서 타임아웃을 활용해 아이의 행동을 통제할 수 있게 되면 밖에서도 활용할 수 있다. 공공장소에서 타임아웃시키는 장소로는, 백화점이나 마트의 경우 사람이 붐비지 않는 한산한 매장 구석이나 화장실 입구의 구석을 이용한다. 다른 사람의 집을 방문했을 때에는 거실 구석을 이용할 수 있다. 건물 안에서가 불가능하다면 아이를 건물 밖으로 데리고 나가서 벽을 마주보게 하거나 차로 데리고 가서 뒷좌석에 앉혀놓는다. 물론 부모가 근처에 있어야 한다. 그런 것조차 불가능하다면 수첩에 기록하고 집에 도착하는 즉시 타임아웃을 받게 될 거라고 경고한다.

5) 폭발적으로 화를 내거나 물건을 부수고 친구들과 자주 싸운다

공격행동의 원인은 여러 가지가 있을 수 있다. 다른 사람의 사소한 실수를 용납하지 못하거나, 남의 의도를 잘못 해석해서 화가 날 수도 있다. 또 순간적인 공격충동을 참지 못해서 공격행동을 하고 나서 후회하는 경우도 있다. 때로는 부모나 교사의 지나친 간섭과 처벌로 인해 쌓인 적개심이 다른 약한 아이에게 분풀이 식으로 나타날 수 있다. 따라서 아동의 공격행동의 원인을 잘 살펴보고, 그 원인에 적합한 해결 방법을 모색해야 한다.

아동이 하루 종일 화를 내지 않을 때나 친구들과 싸우지 않고 잘 놀았을 때는 칭찬하고 보상을 준다. 그러나 물건을 파괴하거나 사람에게 공격행동을 하면 즉각 제지해야 한다. 어린 아동의 경우에는 팔을 잡고 공격행동을 못하게 한다. 이때 공격행동을 없애려고 체벌하는 것은 가장 나쁜 방법이다. 오히려 공격행동을 배우게 하기 때문이다.

아동의 파괴적인 행동이나 공격행동으로 피해가 생겼다면 아동이 스스로 처리하게 한다. 만약 물건을 깼다면 아동에게 그것을 치우게 하고 물건 값을 배상하게 하는데, 아동에게 돈이 없다면 며칠 동안 집안일을 하는 등의 대가를 치르게 한다. 친구를 때렸다면 빠른 시일 내에 사과하게 하고 치료비를 물어준다.

화가 났을 때 감정을 효과적으로 표현하고 처리하는 방법으로 '멈추고 생각하기'와 '4단계로 생각하기'를 가르치고 평소에 연습시킨다. 아동이 친구와 싸우고 왔을 때는 야단치기 전에 아동과 대화하면서 아동의 입장을 먼저 이해해준 후 해결방법을 의논한다.

친구와 싸우고 눈에 멍이 들어 들어온 아동과 어떤 식의 대화를 하는 것이 좋은지 살펴보자.

아동: 동수하고 또 싸웠어.

엄마: 그랬니? 눈에 멍이 들어서 아프겠구나. 다른 데 다친 데는 없니? 먼저, 아이의 고통에 공감하는 반응을 한다.

아동: 응, 괜찮아. 동수는 코피가 터져서 울면서 갔어.

엄마: 저런, 동수가 많이 다쳤나 보다. 어쩌다가 싸우게 됐니? 문제가 무엇인지 확인한다.

아동: 같이 공차기를 하는데, 동수가 먼저 나를 밀어서 넘어졌어.

엄마: 넘어져서 아프기도 하고 화가 났나 보다. 아이의 감정상태를 명확하게 확인하고 공감한다.

아동: 응, 그래서 내가 때렸지.

엄마: 그러고 나서는 어떻게 됐니? 문제 상황을 명확히 하는 질문을 한다.

아동: 동수도 나를 때리고 서로 때리면서 싸웠어.

엄마: 그랬구나. 지금 생각하니까 그렇게 싸운 게 어떤 것 같니? 문제를 더 잘 해결할 수 있는 방법을 탐색한다.

아동: 동수가 일부러 나를 밀친 건 아닌데.

엄마: 동수가 실수로 그런 것을 네가 예민하게 받아들였다고 생각하는구나. 아동의 생각을 정리해준다.

아동: 아까는 화가 나서 나도 모르게 때렸는데, 말로 해도 될 걸 그랬어.

엄마: 싸우는 것보다는 말로 하는 게 더 좋았을 거라고 생각하는구나. 아동이 문제를 해결해나가는 과정을 명확하게 정리해준다.

아동: 그래도 아까는 화가 났었어.

엄마: 네가 넘어졌으니까 화가 날 수도 있었겠다. 화가 나면

사람들은 앞뒤 생각을 못하기도 하지. 그럴 때는 어떻게 하면 좋을까? 앞으로 그런 일이 또 생긴다면 그때는 어떻게 할래? 아동이 문제해결방법을 명확하게 배우도록 유도한다.

아동: 화가 나면 내가 화났다고 말하고 사과를 받아내는 게 좋을 것 같아.

엄마: 그 방법이 참 좋겠다. 그렇게 하면 친구하고 싸우지 않고 친하게 지낼 수 있을 거야. 아동의 충동적이지 않은 문제해결방법을 칭찬한다.

이 대화에서 엄마는 아동의 감정을 잘 이해하고 공감하지만, 싸운 행위에는 동조하지 않는다. 그리고 아동과 싸운 상대방에 대해서도 잘잘못을 판단내리지 않는다. 엄마는 아동의 감정에 공감함으로써 아동이 마음의 여유를 갖고 자신의 행동을 반성하도록 분위기를 조성한다. 결국 아동이 여러 단계를 거쳐 스스로 문제를 해결하도록 도와주고 있다. 이런 대화를 통해 아동은 화가 날 때 충동적이지 않게 행동하는 방법을 배울 수 있다.

흔히 아이가 싸우고 왔을 때 부모가 누구의 잘못인지를 판단하고 벌을 주는 경우가 많다. 그러나 그렇게 하면 아이는 문제의 해결방법을 배울 수 없고, 야단을 맞기 때문에 부모에게 숨기게 된다. 아이의 잘못이나 실수를 교육의 기회로 삼는 지혜가 필요하다.

6) 방을 어지르고 물건을 간수하지 못하며 잘 잃어 버린다

아동에게 주변을 정리정돈하는 방법을 가르친다. 정리하는 습관을 들이기 위해 몇 가지 규칙을 정하고 그 규칙을 잘 지킬 때 보상을 준다. 다음의 규칙들이 유용하다.

- 옷이나 물건을 아무렇게나 내팽개치기 전에 멈추고 생각한다.
- 옷을 걸거나 물건을 제자리에 두는 데 10초만 시간을 더 들이라. 그러면 나중에 1시간이 절약된다.
- 신발, 옷, 학용품 같은 물건은 항상 같은 곳에 둔다. 물품 목록을 잘 보이게 써서 붙여두는 것도 좋다.
- 방을 산만하지 않게 정리한다. 특히 책상 앞에는 계획표 외에 아무것도 없게 한다.
- 수첩을 항상 가까이 둔다. 중요한 할 일, 준비물, 약속, 기념일을 기록하고 중요한 것은 눈에 띄게 색칠을 한다. 하루에도 몇 번씩 수첩을 확인한다.

7) 노는 것 외에는 흥미가 없고 게으르고 뭐든 열심히 하지 않는다

이런 경우를 '학습된 무력감'이라고 부른다. 할 수 있는 일도 의욕이 없어서 하지 않는 경우다. 아동의 경우, 자신은 공부를 했는데도 계속 더 하라고 하거나 못한다고 야단을 맞으면 무력감에 빠지게 된다. 그러면 그다음부터는 아예 하려고 들지 않는 것이다. 이런 무력감에서 벗어나게 하려면 일단 부모의 기대를 낮추고 아동이 작은 성취부터 이룰 수 있도록 도와주어야 한다. 앞에서 알아본 아동의 자존감을 높이는 방법을 시도해보자.

먼저, 아이의 놀고 싶은 욕구를 받아들이고, 이를 비난하지 말고 부모가 같이 놀아준다. 즐거운 일을 자주 만들어 아동의 기분을 좋아지게 만든다. 그래야 무엇이든 할 의욕이 생긴다.

아동이 할 일을 부모가 정하거나 명령해서는 안 된다. 아동의 의견을 존중하면서 일일계획표를 함께 짠다. 처음에는 자녀와 상의해서 공부할 분량을 많이 줄이고 노는 시간을 공부 시간보다 더 많이 넣는다. 많은 양을 대충 하는 것보다는 조금 하더라도 열심히 하는 것이 중요하다는 것을 가르친다. 또 아동이 좋아하고 잘할 수 있는 과목을 공부하게 한다. 그래야 성취감을 느끼고 의욕이 생겨 다른 과목까지 열심히 하게 된다.

스스로 공부하거나 잠깐 동안이라도 열심히 할 때는 즉각적으로 보상을 준다. 시험을 못 쳤을 때도 처벌하지 말고, 좀 더 노력하면 다음에는 더 잘할 수 있다고 격려해주어야 한다.

학교 공부가 아니더라도 아동이 관심과 흥미를 가지는 분야에 대해 부모도 같이 관심을 갖도록 노력하고, 아동의 탐구심과 호기심을 칭찬해준다. 아동이 스스로 할 일을 늘려갈 때까지는 오랜 시간이 걸릴 수 있다. 아동에게 할 수 있다고 격려해주고, 인내심을 갖고 기다려주어야 한다.

8) 부모의 말을 안 듣고 무조건 반항한다

ADHD 아동 중에는 부모나 교사가 시키는 것을 하지 않고, 잘못을 나무라면 대들거나 화를 내기도 하는 아동이 있다. 이렇게 아이가 반항하면 부모는 강요하거나 처벌하고 논쟁을 벌이기 쉽다. 그러나 그런 방법은 아동의 반항행동을 더 증가시킬 뿐이다. 특히 초등학교 고학년이나 청소년기의 아이들은 외부의 강제가 있으면 더욱 말을 듣지 않는다. 반항적인 경향을 고치려면 부모나 교사가 먼저 변해야 한다.

먼저, 부모와 자녀 간의 관계를 개선하기 위해 같이 즐거운 일을 함께 하거나 자유로운 대화의 시간을 자주 갖는다. 내 자식이니까 부모 마음대로 해도 된다는 생각은 버려야 한다. 어린 아동이라도 독립적인 인격체로 존중해야 아동도 어른을 존중할 수 있다. 부모나 교사의 권위만을 중요하게 생각한다면 아동의 반항행동을 고치기 어렵다. 따라서 일방적인 명령을 최소한으로 줄여야 한다.

어떤 경우라도 욕을 하거나 아동의 자존심을 깎아내리는 말은 삼가야 한다. '돌대가리' '바보' 등의 말은 반발심을, 모욕적인 처벌이나 체벌은 적개심을 불러일으킨다. 처벌이 꼭 필요하면 타임아웃을 적용한다. 부모나 교사가 화가 많이 났을 때는 감정을 폭발시키지 말고, "지금은 너무 화가 나서 대화가 잘 안 될 것 같다"고 말하고 화가 가라앉은 다음에 대화한다.

아동과 의견차가 있을 때는 아동의 의견을 묵살하지 말고, 먼저 아동의 말을 끝까지 들어주고 아동의 입장에서 생각해보고 이해하고자 노력해야 한다. 아동의 생각이 부모나 교사의 생각과 다를 수 있음을 수용할 수 있어야 한다. "네가 틀렸어"라는 말은 도움이 안 된다.

아동과 부모는 자신들의 의견을 서로 충분히 말한 뒤에 같이 의논한다. 아동의 의견 중에 받아들일 수 있는 부분을 부모가 먼저 받아들여 주는 아량이 필요하다. 그래야 부모가 원하는 것을 아동도 받아들여 적정한 선에서 타협이 이루어질 수 있다.

부모가 먼저 자기 생활을 올바르게 하고 사회규범이나 규칙을 잘 지켜야 한다. 부모 자신은 게으르고 올바르지 못한 행동을 하면서 자녀에게는 그러지 말라고 요구하는 것은 정당하지 못하다. 그런 경우 자녀가 부모를 존경하지 않게 되고, 부모의 말을 안 듣게 된다. 또한 아동과 한 약속은 사소한 것이라도 반드시 지켜야 한다. 그것을 통해 어른에 대한 신뢰감이 생긴다.

9) 몸을 많이 움직이고 한자리에 가만히 앉아있지 못한다

약간의 불안정함은 허용해주어야 한다. 어린아이가 꼼짝도 하지 않고 오랫동안 가만히 있기는 어려운 일이다. 특히 ADHD 아동은 더 그렇다. 너무 심하지 않으면 일일이 지적하지 말고 무시한다. 아이가 차분하지 못하면 차분한 활동을 시켜야 한다고 생각하고는 바둑이나 서예를 가르치려 한다. 이 방법은 아동이 원한다면 괜찮지만, 그렇지 않다면 다시 생각해야 한다. 가만히 앉아 있기 어려운 아이들에게는 오히려 밖에서 뛰어놀게 하는 등 활동할 기회를 주어 에너지를 방출하도록 하는 것이 좋다. 운동이나 밖에서 몸을 많이 움직이는 취미생활을 하게 해준다.

교실에서 제자리에 앉아 있지 못하고 돌아다니면 수업을 방해하게 되므로 그런 행동은 수정해주어야 한다. '수업 중에는 자리에서 일어나지 않고 앉아있어야 한다'는 규칙이 쓰인 카드를 만들어주고, 규칙을 지킬 때 칭찬하고 스티커를 준다. 움직이고 싶을 때는 소리가 나지 않는 고무공을 손으로 주무르게 하여 남에게 피해를 주지 않도록 한다. 규칙을 지키지 않으면 경고하고 스티커를 뺏거나 타임아웃을 시킬 수도 있다.

10) 고쳐졌던 문제가 다시 나타나거나 새로운 문제가 나타난다

효과적인 의사소통 방법, 보상과 처벌 기법을 일관성 있게 적용하다 보면 부모와 아이와의 상호작용이 점차 긍정적으로 바뀌고 아이가 부모의 요구에 더 잘 협조할 수 있게 된다. 그런데 이런 방법들을 적용해도 아이에게서 아무런 변화도 찾을 수 없다면, 아이의 문제행동에 대해 도움을 받을 수 있는 전문가에게 찾아가야 한다. 그리고 이런 방법들이 성공적으로 사용된다 하더라도, 모든 아이는 때때로 문제를 일으킨다는 사실을 잊지 말아야 한다. 새로운 문제가 생겼거나 예전의 문제가 다시 나타났을 때 부모가 취할 수 있는 조치들을 알아보자.

우선, 노트에 아동의 문제행동을 적어본다. 아이가 어떤 것을 잘못하는지, 어떤 규칙들을 어겼는지에 대해 구체적으로 기록한다. 그리고 그것을 다루기 위해 부모가 현재 어떻게 대처하고 있는지 정확하게 기록한다. 이 기록을 통해 아이의 문제를 다룰 수 있는 실마리를 찾아본다. 흔히 부모가 예전에 사용했던 비효율적인 교육방법으로 다시 돌아감으로써 아이의 문제가 야기된다. 따라서 아이뿐 아니라 부모 자신의 행동도 항상 돌아보아야 한다.

- 훈계나 명령을 너무 자주 반복하지는 않는가?
- 지시나 명령을 할 때 비효율적인 방법을 사용하지는 않는가?
- 아동이 규칙을 따르는데도 불구하고 관심이나 칭찬과 보상을 충분히 제공하지 못한 것은 아닌가?
- 아이와 함께하는 놀이시간을 그만두지는 않았는가?
- 아이의 ADHD 특성을 고려하지 않고 지키기 힘든 과도한 요구를 하지는 않았는가?

필요하다면 아동의 문제를 다루기 위해 특별한 프로그램을 다시 정한다. 문제행동에 대해 아동과 상의하고 스티커나 점수제 그리고 벌칙에 대한 계획을 세워 그대로 시행한다. 이때 계획과 원칙에 따라 일관성 있고 공정하게 적용해야 하며, 부모가 감정적으로 되어서는 안 된다. 또한 실질적인 효과를 얻기 위해서는 장기간 꾸준히 노력하고 기다려야 한다. ◆

7. 성공적인 치료 사례

　충동적이고, 자기 멋대로 하려고 하며, 친구들을 때리는 초등학교 2학년 인수는 성급하고 사회적 기술이 부족해 친구를 사귀지 못하는 것이 큰 문제였다. 인수의 치료는 약물치료에 더해 충동적인 행동을 자제하는 훈련을 시키는 것을 우선으로 하였다. 이를 위해 부모와 인수에게 어떤 행동을 하기 전에 '일단 멈추어 생각하기'와 '4단계로 생각하기' 절차를 가르치고, 보상을 자주 사용하면서 여러 상황에 적용해 습관이 되도록 연습시켰다.

　또 다양한 사회적 기술을 가르쳤다. 다른 사람의 감정을 자기 감정처럼 느껴보는 연습을 시켜 타인에 대한 공감능력을 키워주었다. 또 자기 차례 기다리기, 친구에게 양보하기 등 친구 사귀는 방법들을 교육했다. 이런 방법을 가르치는 데 보상을 많이 사용하였다. 인수는 장난감에 관심이 많았기 때문에,

노력의 보상으로 장난감을 사주고 칭찬을 많이 해준 것이 효과적이었다. 치료가 끝날 때쯤에는 친구에게 자기 장난감을 빌려줄 수도 있게 되었고, 친한 친구도 사귀게 되었다.

부모교육에서는 인수가 잘못했을 때 야단을 치기보다는 대화를 통해 대처방식을 가르치는 것에 초점을 두었다. 또 충동적이지 않고 참을성을 보일 때 보상을 많이 주도록 하였다. 차츰 인수는 자기 행동을 자제할 수 있게 되었고 거짓말도 하지 않게 되었다.

공부하기 싫어하고 엄마에게 짜증을 잘 내며 동생과 매일 싸우는 6학년 철수의 경우를 보면, 철수의 문제에 더해 엄마의 지나친 요구와 짜증이 철수의 상태를 더 악화시키고 있었다. 그래서 ADHD에 대한 부모교육부터 시작하였다. 철수에 대한 부모의 기대가 너무 커 완벽을 요구하는 것이 철수가 공부를 싫어하게 만들고 짜증을 내게 한다는 것을 이해시켰다. 부모의 기대를 현실적인 수준으로 낮추게 하는 것은 매우 어려운 일이었지만, 반복적으로 그 문제를 논의했다. 또 부모가 화가 날 때 소리 지르고 욕하는 것을 철수가 그대로 모방해 동생과의 관계나 또래관계도 나빠지게 되었음을 설명하였다. 그러고 나서 부모의 분노감정을 효과적으로 해결하는 방식을 교육하고, 철수에게 명령하는 것을 줄이고 칭찬과 보상을 많이 주도록 하였다. 우선, 공부 부담을 줄이면서 철수가 자율적으로 할 수 있도록 부모는 옆에서 격려하는 역할을 맡게 하였다.

철수와는 자율적으로 공부하는 문제에 대해 많은 대화를 나누었고, 그렇게 하기 위해 '일일계획표를 짜서 지키기'와 '4단계로 생각하기' 등을 가르쳤다. 또 짜증을 잘 내고 자주 싸우는 문제에 대해서는 그동안 쌓여왔던 적개심과 무력감을 철수 스스로 확인하도록 하고, 화가 날 때 효과적으로 처리하는 방법을 가르쳤다. 이미 6학년으로 몇 년 동안 습관화되었던 행동양식을 완전히 바꾸는 것은 어려운 일이었지만, 치료를 받으면서 물건을 던지거나 동생과 싸우는 횟수가 줄어들었다.

부모님과 선생님 말씀을 안 듣고 엉뚱하고 반항적인 6학년 진우는 약물을 복용하면서부터 주의산만과 과잉행동은 줄어들었다. 그러나 반항적인 경향은 주변 사람들에게 야단을 많이 맞으면서 쌓인 적개심으로 생긴 것이기 때문에 약물로는 해결되지 못했다. 부모교육을 통해 부모부터 바람직한 의사소통방식을 실천하도록 하였더니, 이전에는 자주 매를 들었던 부모가 치료를 받고부터는 보상을 많이 사용하게 되었다. 따라서 부모와 진우와의 관계가 개선되면서 반항적인 행동도 많이 줄어들었다.

진우에게는 자신의 위험한 장난이 어떤 결과를 가져올지를 행동하기 전에 생각하도록 가르쳤다. 이를 위해 '멈추어 생각하기' '4단계로 생각하기'를 연습하게 하였다. 또 장래 희망을 함께 이야기하면서 그 희망을 이루기 위해 무엇을 해야 할지를 생각하게 하였다. 부모의 간섭을 싫어하는 것을 이해해 주고, 자기 일을 알아서 하도록 일일계획표를 스스로 짜고 실천하는 방법 등을 가르쳐 자기통제감과 자율성을 기르게 하였다.

친구들에게 따돌림당하고 주의가 산만한 중학교 1학년 영철이는 문제가 만성화된 아이였다. 영철이는 심한 학습장애 때문에 학교수업을 전혀 따라가지 못하고 바보 취급을 당해 왔다. 자기에 대한 가치감을 느끼지 못해 중학생이 되어서도 여전히 자기 행동을 잘 통제하지 못하고 어느 것도 제대로 하지 못하는 사람으로 낙인찍히게 된 경우다.

영철이의 치료는 우선적으로 자기가치감을 회복하는 것이 급선무였다. 영철이는 오랫동안 주변 사람 모두가 자신을 바보 취급해서 스스로도 자신을 하찮게 생각한다. 그래서 아무렇게나 하루하루를 보내면서 어느 것도 열심히 하지 않는다. 지금 당장 공부를 잘하도록 하는 것은 불가능하기 때문에, 그보다는 영철이의 다른 장점을 부각시켜 자긍심을 높이는 것에 치료의 초점을 두었다. 영철이 엄마는 영철이가 잘하는 것이 아무것도 없으며 초등학생인 여동생보다 모든 점에서 부족하다고 말했다. 그렇지만 치료자는 영철이가 동물에 관심이 많아 강아지나 거북이, 새를 세심하게 관찰하는 것을 발견했다. 엄마는 그런 쓸데없는 데나 관심을 가진다고 불만이었다.

학교공부만이 최고라는 부모의 고정관념을 버릴 때 비로소 영철이처럼 장애가 심한 아이들의 문제가 개선되는 실마리를 찾게 된다. 치료 초기에 엄마는 영철이에 대한 불만과 미움밖에 없었지만, 동전을 매일 저금통에 넣거나 다른 사람을 괴롭히지 않는 행동 같은 영철이의 장점들을 차츰 눈여겨보게 되었다. 부모에게 칭찬도 들으면서 영철이의 상태는 눈에 띄게 좋아지기 시작했다. 동네 어른들께 인사도 잘하게 되었고, 앉아 있는 자세도 바르게 되었으며, 다른 사람의 칭찬을 받을 만한 행동을 조금씩 하게 되었다. 학습부진은 금방 해결될 문제는 아니지만, 스스로 숙제를 하는 등 공부에도 관심을 갖게 되어 지속적인 노력을 기울일 기반을 마련하게 되었다. ◆

8. 맺음말

대부분의 주의력결핍 과잉행동장애 아동의 치료에서 3가지 핵심 목표는 조직화기술, 사회적 유능성, 학습 개선이다(Miller & Hinshaw, 2012). 이를 위해 기본적으로 전문가의 도움을 받아 체계적인 치료 계획을 세우고 학교와 가정에서 일관성 있게 교육하는 것이 좋다. 효과가 검증된 치료 원리에 따라 부모와 교사가 함께 아이의 문제행동을 수정하는 계획을 세워 세심한 관심을 기울이면서 지속적으로 실시해야 그 치료가 효과를 볼 수 있다. 교사와 부모 모두 아동의 행동을 기록하는 수첩이나 노트를 항상 가지고 다니면서 일관성 있게 보상해주는 것이 좋다. 점수제 프로그램이나 스티커 붙여주기 등을 집과 학교에서 같이 시행한다면 아동의 바람직하지 못한 행동을 좀 더 효과적으로 수정할 수 있다. 기록장에는 학교에서의 수업태도, 친구와의 관계, 규칙 지키기 등을 기록하는 난을 만들 수 있고, 집에서는 숙제하기나 일일계획표 지키기 등을 기록한다.

앞에서 여러 가지 다양한 치료와 교육방법을 살펴보았지만, 모든 아동에게 똑같이 적용할 수 있는 것은 아니다. 그러나 처벌보다는 보상을 위주로 하는 교육을 해야 한다는 것은 기본 원칙이다. 그런데 모든 행동에 대해 "네가 ~하면, 나도 ~해주겠다"라는 식의 조건부는 별로 좋지 않다. 아동의 존재 그 자체를 사랑한다는 것을 자주 보여주어 무조건적인 사랑을 표현해야 한다. 따라서 보상을 적용하는 것은 몇 가지의 특정한 행동에 국한시켜야 한다.

보상이나 벌을 주는 방법은 아동의 연령에 따라 달라져야 한다. 나이가 어릴수록 안아주는 등의 신체 접촉이나 음식물 등의 물질적 보상이 많이 쓰인다. 그러나 초등학교 고학년에게는 이런 방법이 비효과적일 수 있다. 그런 경우에는 부모가 말로 칭찬해주거나, 아이가 좋아하는 활동을 하게 하거나, 점수를 모아서 갖고 싶은 것을 살 수 있게 하는 것이 더 효과적일 것이다. 청소년의 경우에는 자율성과 자기통제력 향상에 더 초점을 두어야 한다.

또 아동의 특성이 다양해서 보상 계획만으로 행동수정이 잘 되는 아동이 있는가 하면, 타임아웃 등의 처벌을 하지 않으면 행동통제가 전혀 안 되는 아동도 있다. 또 어떤 아동은 사회적 기술 훈련만으로 좋은 효과를 보기도 하고, 어떤 아동은 '4단계로 생각하기' 같은 인지치료의 효과를 보기도 한다. 따라서 부모나 교사는 아동의 특성을 세심하게 관찰해서 가장 문제가 되는 것이 무엇인지, 어떤 방법이 가장 효과적인지를 찾아나가야 한다.

ADHD 아동을 보는 관점도 다양화할 필요가 있다. 이 아동들의 문제가 집중과 꼼꼼함, 지적 유능성을 요구하는 현대사회의 교육 현장에서 부적응을 초래할 수 있지만, 적극적인 활동을 요하는 장면에서는 오히려 강점이 될 수도 있다. 따라서 많이 움직이고 뛰어다니기를 좋아하는 아동의 경우, 그런 아동의 특성을 강점으로 키워 많은 활동량을 요하는 진로를 선택하는 것도 생각해볼 수 있다. 또한 ADHD 아동에게 적합한 교육 환경을 조성해줄 수 있는 대안학교나 대안학급에서 교육하는 것도 고려해볼 만하다.

개별 아동의 장점은 키워주고 문제는 수정할 수 있는 효과적인 교육방법을 적극적으로 찾아야 한다. 이 과정은 쉽지 않아서 상당한 시행착오를 겪기도 하고, 예상보다 오랜 시간이 걸릴 수도 있다. 그렇지만 부모와 교사가 먼저 변하려고 지속적인 노력을 하고, 아동의 입장에서 생각하면서 지나친 욕심을 버리고 유연하고 넓은 시각을 가져야 한다. 아동의 상태가 좋아지다가 나빠지기도 하지만 어려운 상황에 잘 대처하고 견

더내는 것이 필요하다. 부모와 교사가 포기하지 않고 인내심을 갖고 노력하면 ADHD에서 비롯되는 많은 문제는 해결될 수 있다. ◈

참고문헌

김민주, 하은혜(2013). 청소년의 ADHD 증상이 또래관계 질에 미치는 영향에서 실행기능의 매개효과. 한국심리학회지: 임상, 32(2), 313-330.

김윤희, 서수균(2011). ADHD 아동 및 청소년의 학업문제에 대한 비약물적 개입의 동향과 과제. 한국심리학회지: 학교, 8(1), 79-110.

김윤희, 서수균, 권석만(2011). ADHD 성향 청소년을 위한 학업적 자기관리기술 프로그램의 효과. 한국심리학회지: 상담 및 심리치료, 23(3), 577-602.

박현진, 허자영, 김영화, 송현주(2011). ADHD 아동을 위한 인지증진훈련, 사회기술훈련, 부모교육 병합 프로그램 개발 및 효과. 정서·행동장애연구, 27(3), 25-58.

배은경, 정순둘(2013). ADHD 성향 아동, 부모, 교사를 위한 학교 현장 인지행동프로그램 효과성 연구. 정신보건과 사회사업, 41(1), 169-198.

신현균(2002). 쑥쑥 크는 집중력. 서울: 학지사.

오경자, 이혜련(1989). 주의력 결핍 과잉 활동증 평가도구로서의 단축형 Conners 평가척도의 활용. 한국심리학회지: 임상, 8(1), 135-142.

홍강의 등(2014). 소아정신의학. 서울: 학지사.

American Psychiatric Association. (1994). *Diagnostic and Statistical Manual of Mental Disorders* (4th ed.). Washingtion, DC: Author.

American Psychiatric Association. (2013). *Diagnostic and Statistical Manual of Mental Disorders* (5th ed.). Washingtion, DC: Author.

Barkley, R. A. (1995). *Taking charge of ADHD*. New York/London: The Guilford Press.

Bloomquist, M. L. (2000). 행동장애 어린이를 돕는 기술 (곽영숙 역). 서울: 하나의학사. (원전은 1996년에 출판).

Chorpita, B. F., & Daleiden, E. L. (2009). Mapping evidence-based treatments for children and adolescents: Application of the distillation and matching model to 615 treatments from 322 randomized trials. *Journal of Consulting and Clinical Psychology, 77*(3), 566–579.

DuPaul, G. J., & Stoner, G. (2007). ADHD 학교상담[*ADHD in the Schools*] (김동일 역). 서울: 학지사. (원전은 2003년에 출판).

Gordon, T., & Gordon, J. (1989). 부모역할 배워지는 것인가[*Parent effectiveness training in action*] (김인자 역). 서울: 한국심리상담연구소. (원전은 1976년에 출판).

Hoza, B., Kaiser, N., & Hurt, E. (2008). Evidence-based treatments for attention-deficit/hyperactivity disorder. In R. G. Steele, T. D. Elkin., & M. C. Roberts (Eds.), *Handbook of evidence-based therapies for children and adolescents: Bridging science and practice* (pp. 197–219). New York: Springer.

Martin, G., & Pear, J. (2012). 행동수정(9판)[*Behavior modification*, 9th ed.] (임선아, 김종남 공역). 서울: 학지사. (원전은 2011년에 출판).

Mash, E. J., & Wolfe, D. A. (2012). 아동이상심리학(4판)[*Abnormal child psychology*, 4th ed.] (송영혜, 김귀남 공역). 서울: Cengage Learning. (원전은 2009년에 출판).

Matson, J. L., Andrasik, F., & Matson, M. L. (2012). 아동기 심리장애와 발달장애의 평가[*Assessing childhood psychopathology and developmental disabilities*] (하은혜, 진미경, 김서윤, 이희연 공역). 서울: 시그마프레스. (원전은 2009년에 출판).

McGinnis, E., & Goldstein, A. P. (1984). *Skillstreaming the elementary school child.* Illinois: Research Press Company.

Miller, M., & Hinshaw, S. P. (2012). Attention-deficit Hyperactivity disorder. In P. C. Kendall (Ed.), *Child and adolescent therapy: Cognitive-behavioral procedures* (4th ed., pp. 61-91). New York: The Guilford Press.

Montoya, A., Colom, F., & Ferrin, M. (2011). Is psychoeducation for parents and teachers of children and adolescents with ADHD efficacious? A systematic literature review. *European Psychiatry, 26*(3), 166-175.

Sibley, M. H., Kuriyan, A. B., Evans, S. W., Waxmonsky, J. G., & Smith, B. H. (2014). Pharmacological and psychosocial treatments for adolescents with ADHD: An updated systematic review of the literature. *Clinical Psychology Review, 34,* 218-232.

Wicks-Nelson, R., & Israel, A. C. (2015). 아동·청소년 이상심리학(8판) [*Abnormal child and adolescent psychology with DSM-5 Updates*, 8th ed.] (정명숙, 박영신, 정현희 공역). 서울: 시그마프레스. (원전은 2015년에 출판).

Zametkin, A. J., Mordahl, T. E., Gross, M., King, A. C., Semple, W. E., Rumsey, J., Hamburger, S., & Cohen, R. M. (1990). Cerebral glucose metabolism in adults with hyperactivity of childhood onset. *The New England Journal of Medicine, 20,* 1361-1366.

찾아보기

《내 용》

◎ 저자 소개

신현균(Hyun-Kyun Shin)
서울대학교 심리학과를 졸업하고 동 대학원에서 임상심리학 전공으로 석
사학위와 박사학위를 받았다. 임상심리전문가와 정신보건임상심리사(1급)
자격을 소지하고 있으며, 현재 전남대학교 심리학과 교수로 재직 중이다.
신체화와 아동심리치료에 관한 다수의 논문과 저서가 있다.

김진숙(Jinsook Kim)
서울대학교 심리학과를 졸업하고 동 대학원에서 임상 및 상담심리학 전
공으로 석사학위와 박사학위를 받았다. 임상심리전문가와 정신보건임상
심리사(1급) 및 상담심리전문가 자격을 소지하고 있으며, 현재 서울디지
털대학교 상담심리학과 교수로 재직 중이다. 부부문제, 성폭력 피해 아동
과 가족 지원 프로그램 및 트라우마 치료 등에 관한 다수의 논문과 역서
가 있다.

ABNORMAL PSYCHOLOGY 28

주의력결핍 과잉행동장애 주의산만하고 유별난 아이

Attention-Deficit/Hyperactivity Disorder

2000년 5월 20일 1판 1쇄 발행
2013년 1월 25일 1판 11쇄 발행
2016년 3월 30일 2판 1쇄 발행
2024년 3월 25일 2판 4쇄 발행

지은이 • 신현균 · 김진숙
펴낸이 • 김 진 환

펴낸곳 • (주)**학지사**

　　　　04031 서울특별시 마포구 양화로 15길 20 마인드월드빌딩 5층

대표전화 • 02) 330-5114　　　팩스 • 02) 324-2345

등록번호 • 제313-2006-000265호

홈페이지 • http://www.hakjisa.co.kr
인스타그램 • https://www.instagram.com/hakjisabook

ISBN 978-89-997-1028-5 94180
　　　978-89-997-1000-1 (set)

정가 9,500원

출판미디어기업 **학지사**

간호보건의학출판 **학지사메디컬** www.hakjisamd.co.kr
심리검사연구소 **인싸이트** www.inpsyt.co.kr
학술논문서비스 **뉴논문** www.newnonmun.com
원격교육연수원 **카운피아** www.counpia.com